"互联网+"应用型院校"十四五"规划会计专业核心课程教材

根据新会计准则、新会计法、全面营改增、增值税新税率、新个人所得税法等最新政策编写

会计基础（第二版）
训练题库

会计专业精品教材编委会　编

图书在版编目(CIP)数据

《会计基础(第二版)》训练题库 / 会计专业精品教材编委会编. —上海：立信会计出版社，2023.5(2025.9重印)
ISBN 978-7-5429-7364-1

Ⅰ．①会… Ⅱ．①会… Ⅲ．①会计学—资格考试—习题集 Ⅳ．①F230-44

中国国家版本馆 CIP 数据核字(2023)第 103273 号

策划编辑　　赵新民
责任编辑　　陈　旻
美术编辑　　吴博闻

《会计基础(第二版)》训练题库
KUAIJI JICHU DIERBAN XUNLIAN TIKU

出版发行	立信会计出版社			
地　　址	上海市中山西路 2230 号	邮政编码	200235	
电　　话	(021)64411389	传　真	(021)64411325	
网　　址	www.lixinaph.com	电子邮箱	lixinaph2019@126.com	
网上书店	http://lixin.jd.com		http://lxkjcbs.tmall.com	
经　　销	各地新华书店			
印　　刷	上海华业装璜印刷有限公司			
开　　本	787 毫米×1092 毫米	1/16		
印　　张	13			
字　　数	333 千字			
版　　次	2023 年 5 月第 1 版			
印　　次	2025 年 9 月第 2 次			
书　　号	ISBN 978-7-5429-7364-1/F			
定　　价	38.00 元			

如有印订差错，请与本社联系调换

会计专业精品教材编委会

主　任(主　编)：梁文涛

副主任(副主编)：苏　杉　　梁文豪

成　员(参　编)：张清亮　　薄异伟

preface 前言

"会计基础""财经法规与会计职业道德"是会计类专业的核心课程。"互联网+"应用型院校"十四五"规划会计专业核心课程教材《会计基础》《财经法规与会计职业道德》及其配套训练题库自从出版以来,得到了广大师生的厚爱和认可。其中"会计基础"是会计类专业的基础课程。近期会计、税收政策变化很大,国家对会计人员的要求也有调整,所以需要对教材内容作进一步修订以满足广大师生的需求,为此我们组织相关专家按照新政策对原教材进行改版,编写了《会计基础》(第二版)和《〈会计基础(第二版)〉训练题库》教材(以下称为"本套教材")。

本套教材有以下特色。

一、严格依据新政策,用心编写新教材

本套教材严格按照新会计准则、新会计法、全面营改增和增值税新税率等会计、税收政策编写。本套教材本次再版根据截至2023年7月1日的新会计、税收政策修订。在编写过程中,我们本着对学生负责的态度,用心编写,在教材中体现应用型院校所要求的专业课程知识体系和能力要求。并且,本套教材在加印或再版时会随着会计、税收政策的修订而及时修订,并在相关配套资源中予以体现。

二、理实一体、学做合一

为培养应用型人才,《会计基础》(第二版)(以下称为"主教材")在讲解知识的同时,配有大量例题和案例,并且加入学习指南、点拨指导、特别提示、举例说明、答疑解惑、知识链接、知识拓展、归纳总结等模块,形成了统一协调的知识体系,有利于学生全面、系统地掌握所学知识。主教材的案例及课后练习题丰富,再加上配套的《〈会计基础(第二版)〉训练题库》,有助于学生真正做到理实一体、学做合一。《〈会计基础(第二版)〉训练题库》每一章均由本章学习知识体系、分节习题必会和本章习题必练构成,习题的题型

包括单项选择题、多项选择题、判断题和计算分析题,书后附有习题的参考答案及解析。

三、教学资源丰富

《会计基础》(第二版)配备PPT电子课件、教学大纲等资源,以方便任课教师教学。

《〈会计基础(第二版)〉训练题库》由梁文涛担任主编,苏杉、梁文豪担任副主编,张清亮、薄异伟参与编写。

本套教材在编写和出版过程中,得到了立信会计出版社相关工作人员的大力支持与帮助,在此表示特别的感谢。本套教材在撰写过程中,参考、借鉴了大量相关教材和网站信息,在此向其作者表示由衷的感谢。由于作者水平所限,以及会计、财经等法律、法规、政策不断修订变化,本套教材难免存在不当之处,欢迎广大读者批评指正。

本套教材提供任课教师专用QQ群号:437997599(仅供任课教师加入,加入时请说明单位、姓名)。

会计专业精品教材编委会

2023年7月1日

目录

第一章 总论 ······ 1
【本章学习知识体系】 ······ 1
【分节习题必会】 ······ 1
第一节 会计概述 ······ 1
第二节 会计的职能、会计核算方法与会计循环 ······ 2
第三节 会计基本假设与会计核算基础 ······ 3
第四节 会计信息的使用者及其质量要求 ······ 4
第五节 会计信息化基础 ······ 5
第六节 会计准则体系 ······ 5
【本章习题必练】 ······ 6

第二章 会计要素与会计等式 ······ 12
【本章学习知识体系】 ······ 12
【分节习题必会】 ······ 12
第一节 会计要素 ······ 12
第二节 会计等式 ······ 14
【本章习题必练】 ······ 16

第三章 会计科目与账户 ······ 21
【本章学习知识体系】 ······ 21
【分节习题必会】 ······ 21
第一节 会计科目 ······ 21
第二节 账户 ······ 23
【本章习题必练】 ······ 23

第四章 会计记账方法 ······ 28
【本章学习知识体系】 ······ 28

【分节习题必会】 ·· 28
 第一节 会计记账方法的种类 ·· 28
 第二节 借贷记账法 ·· 29
【本章习题必练】 ·· 31

第五章 借贷记账法下主要经济业务的账务处理 ················ 35

【本章学习知识体系】 ·· 35
【分节习题必会】 ·· 35
 第一节 企业的主要经济业务 ·· 35
 第二节 资金筹集业务的账务处理 ····································· 36
 第三节 固定资产业务的账务处理 ····································· 37
 第四节 材料采购业务的账务处理 ····································· 38
 第五节 生产业务的账务处理 ·· 40
 第六节 销售业务的账务处理 ·· 41
 第七节 期间费用的账务处理 ·· 42
 第八节 利润形成与分配业务的账务处理 ····························· 43
【本章习题必练】 ·· 44

第六章 会计凭证 ·· 56

【本章学习知识体系】 ·· 56
【分节习题必会】 ·· 56
 第一节 会计凭证概述 ·· 56
 第二节 原始凭证 ··· 57
 第三节 记账凭证 ··· 59
 第四节 会计凭证的传递与保管 ······································· 60
【本章习题必练】 ·· 61

第七章 会计账簿 ·· 67

【本章学习知识体系】 ·· 67
【分节习题必会】 ·· 67
 第一节 会计账簿概述 ·· 67
 第二节 会计账簿的启用与登记要求 ································· 69
 第三节 会计账簿的格式与登记方法 ································· 70
 第四节 对账与结账 ·· 71
 第五节 错账查找与更正的方法 ······································· 72
 第六节 会计账簿的更换与保管 ······································· 73
【本章习题必练】 ·· 74

第八章　账务处理程序 ·· 79
【本章学习知识体系】·· 79
【分节习题必会】·· 79
　　第一节　账务处理程序概述 ·· 79
　　第二节　记账凭证账务处理程序 ·· 80
　　第三节　汇总记账凭证账务处理程序 ·· 81
　　第四节　科目汇总表账务处理程序 ·· 82
【本章习题必练】·· 83

第九章　财产清查 ·· 87
【本章学习知识体系】·· 87
【分节习题必会】·· 87
　　第一节　财产清查概述 ·· 87
　　第二节　财产清查的方法 ·· 88
　　第三节　财产清查结果的处理 ·· 90
【本章习题必练】·· 90

第十章　财务报告 ·· 97
【本章学习知识体系】·· 97
【分节习题必会】·· 97
　　第一节　财务报告概述 ·· 97
　　第二节　资产负债表 ·· 98
　　第三节　利润表 ·· 99
【本章习题必练】·· 101

答案及解析 ·· 110

参考文献 ·· 197

第一章

总 论

【本章学习知识体系】

```
        ┌ 会计概述 ┬ 会计的含义、基本特征与发展历程(★★)
        │         └ 会计的对象与目标(★★)
        │ 会计的职能、会计核算方法与会计循环 ┬ 会计的职能(★★)
        │                                    └ 会计核算方法与会计循环(★★)
        │ 会计基本假设与会计核算基础 ┬ 会计基本假设(★★★)
  总论 ─┤                            └ 会计核算基础(★★★)
        │ 会计信息的使用者及其质量要求 ┬ 会计信息的使用者(★)
        │                              └ 会计信息的质量要求(★★★)
        │ 会计信息化基础 ┬ 会计信息化的含义(★★)
        │               └ 信息化环境下的会计账务处理(★★★)
        │              ┌ 会计准则的构成(★)
        │ 会计准则体系 │ 企业会计准则(★)
        └              │ 小企业会计准则(★)
                       └ 政府会计准则(★)
```

【分节习题必会】

第一节 会计概述

一、单项选择题

1. 下列关于企业资金投入的表述中,正确的是(　　)。
  A. 企业所有者投入的资金形成企业的所有者权益
  B. 企业的资金投入是指企业债权人投入的资金
  C. 企业的资金投入是指企业所有者投入的资金
  D. 企业债权人投入的资金形成企业的所有者权益

2. 国际会计师联合会于(　　)年正式通过"管理会计"这一专业术语。
  A. 1949　　　　B. 1950　　　　C. 1951　　　　D. 1952

二、多项选择题

1. 下列关于财务会计的表述中,正确的有( )。
   A. 主要侧重于向企业内部管理者提供进行经营规划、经营管理、预测、决策和分析等所需的信息
   B. 主要侧重于向企业外部关系人提供有关企业财务状况、经营成果和现金流量情况等信息
   C. 主要侧重于对内、未来的信息
   D. 主要侧重于对外、过去的信息

2. 下列关于会计基本特征的表述中,正确的有( )。
   A. 会计是一种经济管理活动　　　　B. 会计以货币作为主要计量单位
   C. 会计采用一系列专门的方法　　　D. 会计是一个经济信息系统

三、判断题

1. 会计是仅以货币为计量单位,核算和监督一个单位经济活动的一种经济管理工作。( )

2. 现代会计按服务对象的不同,主要分为财务会计和管理会计。( )

第二节　会计的职能、会计核算方法与会计循环

一、单项选择题

1. 下列各项中,不属于会计核算方法的是( )。
   A. 财产清查　　　　　　　　　　B. 填制和审核会计凭证
   C. 编制财务预算　　　　　　　　D. 登记账簿

2. 下列各项中,属于会计基本职能的是( )。
   A. 会计核算和会计监督　　　　　B. 会计核算与会计决策
   C. 会计核算与会计预测　　　　　D. 会计核算与会计分析

二、多项选择题

1. 下列各项中,属于对经济活动的全过程进行监督的有( )。
   A. 事前监督　　B. 事中监督　　C. 审计监督　　D. 事后监督

2. 下列关于会计核算的表述中,正确的有( )。
   A. 会计计量是指在确定会计确认中用以描述某一交易或事项的金额的会计程序
   B. 会计确认是指运用特定会计方法,以文字和金额同时描述某一交易或事项,使其金额反映在特定主体财务报表中的会计程序
   C. 会计记录是指对经过会计初始确认、会计计量的交易或事项,采用一定方法填制会计凭证、登记会计账簿的会计程序
   D. 会计报告是指在确认、计量和记录的基础上,将特定主体的财务状况、经营成果和现金流量等财务信息以财务报表的形式向会计信息的使用者报告

3. 下列对会计的核算和监督职能的关系描述中,正确的有(　　)。
   A. 会计核算职能是会计职能中最基本的职能
   B. 会计核算为会计监督提供了质量的保障
   C. 会计核算与会计监督两大基本职能相辅相成、辩证统一
   D. 会计核算是会计监督的基础,没有核算所提供的各种信息,监督就失去了依据

三、判断题
  1. 填制和审核会计凭证是会计核算工作的起点。(　　)
  2. 会计循环是指企业将一定时期发生的所有经济业务,依据一定的步骤和方法,加以记录、分类、汇总的过程。(　　)

第三节　会计基本假设与会计核算基础

一、单项选择题
  1. 甲企业本月发生的部分支出如下:①支付本季度房租 24 000 元;②支付上季度借款利息 6 000 元;③支付本月水电费 4 000 元;④预付下季度报刊费 1 200 元。根据权责发生制原则,以上支出中应当计入甲企业本月费用的是(　　)元。
     A. 4 000　　　　B. 12 000　　　　C. 18 000　　　　D. 35 200
  2. 下列会计基本假设中,为会计核算提供了必要手段的是(　　)。
     A. 持续经营假设　　　　　　B. 会计分期假设
     C. 货币计量假设　　　　　　D. 会计主体假设
  3. 下列关于会计主体的表述中,不正确的是(　　)。
     A. 会计主体就是法律主体
     B. 会计主体是指会计所核算和监督的特定单位或组织
     C. 由若干具有法人资格的企业组成的企业集团也是会计主体
     D. 会计主体确立了会计核算的空间范围

二、多项选择题
  1. 下列各项中,属于会计基本假设的有(　　)。
     A. 会计主体　　B. 持续经营　　C. 货币计量　　D. 会计分期
  2. 为了分别核算不同会计期间的财务成果,会计期间可以分为(　　)。
     A. 月度　　　　B. 季度　　　　C. 年度　　　　D. 半年度

三、判断题
  1. A 单位本年①4 月售出商品,本年 7 月才能收回货款。在收付实现制基础下,A 单位本年 4 月没有收到库存现金,就不能确认收入。(　　)

---

① 若没有特殊说明,本书中的"本年"均指 2023 年。

2. 由于有了会计分期,才产生了当期与以前期间、以后期间的划分,才形成了权责发生制和收付实现制不同的记账基础。（   ）

3. 《政府会计准则——基本准则》规定,政府会计由预算会计和财务会计构成。预算会计实行收付实现制(国务院另有规定的,依照其规定),财务会计实行权责发生制。（   ）

4. 在商品经济条件下,货币作为一种特殊商品具有统一的价值尺度和流通职能,因此,会计核算仅以货币作为计量单位。（   ）

5. 我国的会计年度是公历1月1日至12月31日。（   ）

第四节　会计信息的使用者及其质量要求

一、单项选择题

1. 下列关于会计信息的质量要求的说法中,正确的是(   )。
   A. 相关性是会计信息质量的基本要求
   B. 企业对可能发生的资产减值损失计提减值准备,这是符合了谨慎性的要求
   C. 可靠性是以相关性为基础,会计信息在相关性前提下,尽可能地做到可靠,以满足投资者财务报告使用者的决策需要
   D. 根据可理解性的要求,同一企业不同时期采用的会计政策前后各期应保持一致,不得随意变更

2. 企业在核算坏账损失时有多种方法可供选择,甲企业在选择核算方法时具有不确定性,并在当年分别用不同方法进行核算,这种做法违背了会计信息质量的(   )要求。
   A. 可比性　　　　　　　　　　　B. 可靠性
   C. 谨慎性　　　　　　　　　　　D. 及时性

3. 下列关于变更会计核算方法的表述中,正确的是(   )。
   A. 前后各期可以任意变更　　　　B. 前后各期应当一致,不得变更
   C. 前后各期可以一致,也可以随意变更　　D. 前后各期应当一致,不得随意变更

二、多项选择题

1. 下列各项中,属于会计信息的使用者的有(   )。
   A. 投资者　　　　　　　　　　　B. 债权人
   C. 政府及其相关部门　　　　　　D. 政府

2. 下列各项中,属于会计信息质量要求的有(   )。
   A. 可靠性　　B. 可比性　　C. 谨慎性　　D. 相关性

三、判断题

1. 企业投资者关心企业的盈利能力和发展能力,他们需要借助会计信息等相关信息来决定是否调整投资、更换管理层、加强及完善企业的内部控制等。（   ）

2. 重要性要求企业应当按照实际发生的交易或者事项的经济实质进行会计确认、计量、记录和报告,不应当仅以交易或者事项的法律形式作为依据。（   ）

第五节　会计信息化基础

一、单项选择题

1. （　　）是指企业利用计算机、网络通信等现代信息技术手段开展会计核算，以及利用上述技术手段将会计核算与其他经营管理活动有机结合的过程。
   A. 会计数据化　　　　　　　　B. 会计信息化
   C. 会计管理化　　　　　　　　D. 会计决策化

2. 企业会计信息系统数据服务器的部署应当符合国家有关规定。数据服务器部署在境外的，应当在境内保存会计资料备份，备份频率不得低于每（　　）一次。
   A. 周　　　　B. 月　　　　C. 季度　　　　D. 年

二、多项选择题

1. 下列各项中，属于会计软件功能的有（　　）。
   A. 为会计核算直接采集数据　　　B. 为财务管理直接采集数据
   C. 生成会计凭证、账簿、报表等会计资料　D. 对会计资料进行转换、输出、分析、利用

2. 下列各项中，符合信息化环境下账务处理基本要求的有（　　）。
   A. 企业使用的会计软件应当提供符合国家统一会计准则制度的会计科目分类和编码功能
   B. 企业使用的会计软件应当提供符合国家统一会计准则制度的会计凭证、账簿和报表的显示和打印功能
   C. 企业使用的会计软件应当提供可逆的记账功能
   D. 企业会计资料中对经济业务事项的描述应当使用中文，可以同时使用外国或者少数民族文字对照

三、判断题

1. 企业使用的会计软件应当保障企业按照国家统一会计准则制度开展会计核算，不得有违背国家统一会计准则制度的功能设计。（　　）
2. 在任何情况下，均不得将电子会计资料及其复印件携带、寄运或者传输至境外。
（　　）

第六节　会计准则体系

一、单项选择题

1. （　　）主要针对《企业会计准则》在实施过程中遇到的问题所作出的相关解释。
   A. 应试指南　　　　　　　　B. 基本准则
   C. 具体准则　　　　　　　　D. 企业会计准则解释

2.《小企业会计准则》一般适用于在(　　　)。
A. 我国境内依法设立、经济规模很小的企业
B. 我国境内外依法设立、经济规模很小的企业
C. 我国境内依法设立、经济规模较小的企业
D. 我国境内外依法设立、经济规模较小的企业

二、多项选择题

1. 我国已颁布的会计准则有(　　　)。
A. 企业会计准则   B. 小企业会计准则
C. 事业单位会计准则   D. 政府会计准则——基本准则
2. 根据《政府会计准则——基本准则》,政府会计主体主要包括(　　　)。
A. 各级政府   B. 各部门   C. 各单位   D. 军队

三、判断题

1. 执行《民间非营利组织会计制度》的社会团体,其会计核算不适用政府会计准则制度。 (　　)
2. 我国的企业会计准则体系包括基本准则、具体准则两种。 (　　)

【本章习题必练】

一、单项选择题

1. 下列各项中,可以确认为会计对象的经济活动是(　　　)。
A. 甲公司与乙公司就企业间经济合作达成协议并签订合同的行为
B. 用人单位与劳动者续订劳动合同的行为
C. 企业与贷款银行签订贷款协议的行为
D. 企业的业务人员出差后报销差旅费的行为
2. 企业用库存现金购买办公用品,会计人员认为办公用品是用于总经理日常办公的,故将该项支出作为管理费用处理。关于上述过程,表述正确的是(　　　)。
A. 该项处理属于会计计量   B. 该项处理属于会计报告
C. 该项处理属于会计记录   D. 该项处理属于会计确认
3. (　　　)假设的目的是分期结算账目和编制财务报告。
A. 会计分期   B. 会计主体   C. 货币计量   D. 持续经营
4. 企业固定资产可以按照其价值和使用情况,确定采用某一方法计提折旧,它所依据的会计核算前提是(　　　)。
A. 持续经营   B. 会计主体   C. 会计分期   D. 货币计量
5. 下列各项中,要求企业应当按照交易或者事项的经济实质进行会计确认、计量、记录和报告的会计信息质量要求是(　　　)。
A. 实质重于形式 B. 及时性   C. 重要性   D. 可比性
6. 由于(　　　)产生了权责发生制和收付实现制不同的记账基础。

A. 会计主体　　　B. 会计分期　　　C. 持续经营　　　D. 货币计量

7. 企业销售商品时,如果没有将相关商品控制权转移给购货方,即使已经将商品交付给购货方,也不应当确认销售收入。这体现了会计信息质量(　　)的基本要求。
   A. 谨慎性　　　B. 相关性　　　C. 实质重于形式　　　D. 重要性

8. 资金的循环与周转过程不包括(　　)。
   A. 销售过程　　　B. 分配过程　　　C. 供应过程　　　D. 生产过程

9. 会计核算的终点是(　　)。
   A. 复式记账　　　　　　　　B. 登记会计账簿
   C. 编制财务报告　　　　　　D. 填制和审核会计凭证

10. 下列对会计特征的表述中,不正确的是(　　)。
    A. 会计是对社会经济活动进行的管理
    B. 会计是对企业的经济活动进行管理
    C. 会计的职能包括基本职能和拓展职能
    D. 会计以货币作为主要计量单位,还辅有实物量度、劳务量度等

11. 企业在进行会计确认、计量、记录和报告时应当做到既不高估企业的资产或收益,也不低估负债或者费用,在有足够证据时充分估计各种风险和损失。上述体现的会计信息质量要求是(　　)。
    A. 谨慎性　　　B. 相关性　　　C. 重要性　　　D. 可靠性

12. 下列对重要性的表述中,不正确的是(　　)。
    A. 对重要会计事项,必须按照规定的会计方法和程序进行处理,并在财务报告中予以充分、准确地披露
    B. 对于次要的会计事项,在不影响会计信息真实性和不至于误导财务报告使用者作出正确判断的前提下,可适当简化处理
    C. 在评价某些项目的重要性时,不能取决于会计人员的职业判断
    D. 要求企业提供的会计信息应当反映与企业财务状况、经营成果和现金流量有关的所有重要交易或者事项

13. 下列各项中,不属于会计拓展职能的是(　　)。
    A. 预测经济前景　　B. 会计核算与监督　　C. 评价经营业绩　　D. 参与经济决策

14. 我国各单位的会计核算应以(　　)作为记账本位币。
    A. 任意外币　　　B. 人民币　　　C. 美元　　　D. 欧元

15. 下列各项中,要求企业提供的会计信息应当反映与企业财务状况、经营成果和现金流量有关的所有重要交易或者事项的会计信息质量要求是(　　)。
    A. 可比性　　　B. 及时性　　　C. 可理解性　　　D. 重要性

16. 下列有关会计方面的表述中,不正确的是(　　)。
    A. 经济越发展,会计越重要
    B. 会计按服务对象不同,分为财务会计与管理会计
    C. 会计是以货币为主要计量单位,运用专门的方法,核算和监督一个单位经济活动的一种经济管理活动
    D. 会计就是记账、算账和报账

17. 甲企业本年8月购入一台不需安装的设备,因暂时不需用,截至当年年底该企业会计人员尚未将其入账,这违背了(　　)要求。
   A. 及时性　　　B. 客观性　　　C. 重要性　　　D. 明晰性

二、多项选择题

1. 下列业务中,属于资金运用过程的有(　　)。
   A. 购买原材料　　　　　　　　B. 向投资者分配利润
   C. 销售商品　　　　　　　　　D. 将原材料投入产品生产

2. 下列关于会计主体假设的表述中,正确的有(　　)。
   A. 会计主体假设要求资产以历史成本计量
   B. 会计主体假设要求企业不能将所有者的交易或事项作为会计主体的交易或事项处理
   C. 法律主体可以作为会计主体,但会计主体不一定是法律主体
   D. 会计主体假设要求采用权责发生制进行会计确认、计量和报告

3. 下列各项中,属于会计核算具体内容的有(　　)。
   A. 款项和有价证券的收付　　　B. 债权、债务的发生和结算
   C. 收入、支出、费用、成本的计算　　　D. 财物的收发、增减和使用

4. 下列各项中,可以视为一个会计主体,但不是法律主体的有(　　)。
   A. 营业部　　　B. 生产车间　　　C. 分公司　　　D. 企业集团

5. 下列各项中,属于会计核算与会计监督职能关系的有(　　)。
   A. 会计监督是会计核算的质量保障
   B. 会计核算是会计监督的基础
   C. 会计监督是会计核算的基础
   D. 会计核算和会计监督是相辅相成、辩证统一的关系

6. 会计的主要特征包括(　　)。
   A. 会计以货币作为主要计量单位　　　B. 会计的本质是一种经济管理活动
   C. 会计具有核算和监督的基本职能　　　D. 会计采用一系列专门方法

7. 下列对会计基本目标的阐述中,正确的有(　　)。
   A. 向财务报告使用者提供与企业财务状况、经营成果和现金流量等有关的会计资料和会计信息
   B. 反映企业管理层受托责任履行情况
   C. 有助于财务报告使用者作出经济决策
   D. 达到不断提高企业乃至经济社会整体的经济效益和效率的目的和要求

8. 企业的生产经营活动通常包括供应、生产和销售三个阶段,下列各项中,属于供应过程的有(　　)。
   A. 建造厂房　　　B. 购买原材料　　　C. 购买生产设备　　　D. 购买设备

9. 下列各项中,属于会计监督中合理性审查内容的有(　　)。
   A. 是否符合特定的财务收支计划
   B. 是否有利于预期目标的实现

C. 各项财务收支是否符合经营管理方面的要求
D. 各项财务收支是否符合客观经济规律

10. 权责发生制原则是企业会计的记账基础。下列单位中,适用于这种记账基础进行会计核算的有(　　)。
   A. 国家机关的预算会计　　　　　B. 国有企业
   C. 国家机关的财务会计　　　　　D. 独资企业

11. 下列各项中,属于资金运动的具体表现过程的有(　　)。
   A. 资金的投入　　B. 资金的运用　　C. 资金的消失　　D. 资金的退出

12. 会计循环从会计核算的具体内容看,会计循环的组成部分包括(　　)。
   A. 填制和审核会计凭证　　　　　B. 设置会计科目和账户
   C. 成本计算　　　　　　　　　　D. 复式记账

13. 下列各项中,属于资金的循环与周转过程的有(　　)。
   A. 偿还银行借款利息　　　　　　B. 生产过程
   C. 销售过程　　　　　　　　　　D. 供应过程

14. 会计监督职能又称会计控制职能,是指对特定主体经济活动和相关会计核算的(　　)进行监督检查(审查)。
   A. 真实性　　　B. 完整性　　　C. 合法性　　　D. 合理性

15. 下列各项中,不属于会计信息质量要求的有(　　)。
   A. 可靠性　　　B. 合法性　　　C. 相关性　　　D. 合理性

16. 下列各项中,属于资金退出的有(　　)。
   A. 偿还债务　　　　　　　　　　B. 向所有者分配利润
   C. 缴纳税费　　　　　　　　　　D. 支付职工工资

17. 下列说法中,正确的有(　　)。
   A. 处于会计核算信息化阶段的企业,应当结合自身情况,逐步实现财务分析、全面预算管理、风险控制和绩效考核等决策支持信息化
   B. 处于财务管理信息化阶段的企业,应当结合自身情况,逐步实现资金管理、资产管理、预算控制和成本管理等财务管理信息化
   C. 处于会计核算信息化阶段的企业,应当结合自身情况,逐步实现资金管理、资产管理、预算控制和成本管理等财务管理信息化
   D. 处于财务管理信息化阶段的企业,应当结合自身情况,逐步实现财务分析、全面预算管理、风险控制和绩效考核等决策支持信息化

三、判断题

1. 会计核算职能是指会计以货币为主要计量单位,对特定主体的经济活动进行确认、计量、记录和报告。(　　)
2. 会计核算是会计监督的基础,会计监督是会计核算的保证。(　　)
3. 会计监督是一个过程,分为事前监督、事中监督和事后监督。(　　)
4. 持续经营只是一种假设,任何企业在生产经营中都存在破产、清算等无法持续经营的可能。(　　)

5. 核算和监督两项基本会计职能是相辅相成、辩证统一的关系,会计核算是会计监督的基础和保障,没有核算所提供的各种信息,监督就失去了依据。（　　）

6. 我国会计核算以人民币为记账本位币。（　　）

7. 业务收支以人民币以外的货币为主的企业,可以选定某种外币作为记账本位币,编制的财务报告不需要折算为人民币。（　　）

8. 根据收付实现制,凡是不属于当期的收入和费用,即使款项已在当期收付,也不应当作为当期的收入和费用。（　　）

9. 实物量度和劳动量度是货币量度的基础,因此,在会计核算中劳动量度和实物量度是主要计量单位。（　　）

10. 相关性要求企业提供的会计信息应当清晰明了,便于财务报告使用者理解和使用。（　　）

11. 在权责发生制下,企业本期预收的货款不作为企业本期的收入确认。（　　）

12. 法律主体一定是一个会计主体,但会计主体不一定是法律主体。（　　）

13. 政府及其有关部门作为经济管理和经济监管部门需要会计信息来监管企业的有关活动、制定税收政策、进行税收征管和国民经济统计等。（　　）

14. 在中华人民共和国境内的外商投资企业、外国企业和其他外国组织的会计记录,可以同时使用一种外国文字。（　　）

15. 会计的本质是经济管理工作,只要是经济活动就是会计核算和监督的对象。（　　）

16. 甲企业本年6月支付租入设备租金30万元,租入设备用于当年7~12月的生产过程,则30万元租金应计入当年7~12月的制造成本。（　　）

17. 企业发生的重要会计事项应当严格按照规定的方法和程序办理,次要的会计事项可以适当简化处理,体现的是会计信息质量的重要性要求。（　　）

18. 当企业面临不确定因素需要会计人员作出职业判断时,应当保持必要的谨慎,做到既不高估资产和收益,也不低估负债和费用,必要时可以设置秘密准备,以提高企业防范风险和损失的能力,这体现了谨慎性原则的要求。（　　）

19. 2015年10月23日,财政部发布了《政府会计准则——具体准则》,自2017年1月1日起,在各级政府、各部门、各单位施行。我国的政府会计准则体系由政府会计基本准则、具体准则和应用指南三部分组成。（　　）

20. 实行会计集中核算的企业以及企业分支机构,应当为外部会计监督机构及时查询和调阅异地储存的会计资料提供必要条件。（　　）

四、计算分析题

1. 甲单位本月发生的经济业务如下:

(1) 销售产品一批,售价25 000元,货款存入银行。

(2) 预付从本月开始的半年租金6 000元。

(3) 本月应计提短期借款利息1 500元。

(4) 收到上月销售应收的销货款3 000元。

(5) 收到购货单位预付货款7 500元,下月交货。

(6) 计提本月设备折旧费 11 000 元。
(7) 销售产品一批,售价 50 000 元,货款尚未收到。
(8) 计提本月无形资产摊销 650 元。

要求:根据上述经济业务内容,分别按照收付实现制和权责发生制原则,确定甲单位本月的收入和费用,并将其填在表 1-1 的括号中。

表 1-1　　　　　　权责发生制与收付实现制下收入与费用的对比表 1

单位:元

经济业务序号	权责发生制		收付实现制	
	收入	费用	收入	费用
(1)	(　)		(　)	
(2)		(　)		(　)
(3)		(　)		(　)
(4)	(　)		(　)	
(5)	(　)		(　)	
(6)		(　)		(　)
(7)	(　)		(　)	
(8)		(　)		(　)

2. 乙单位本年 1 月发生的经济业务如下(不考虑税金因素):
(1) 销售产品一批,售价 10 000 元,按合同规定下月收回货款。
(2) 收回客户上月所欠的货款 40 000 元。
(3) 根据销售合同规定收到某客户的购货定金 80 000 元,款项已存入银行。
(4) 以银行存款支付本季度短期借款利息 18 000 元。
(5) 以银行存款支付下一年财产保险费 24 000 元。
(6) 计算确定本月管理部门应负担的设备租金 4 000 元。

要求:根据上述经济业务内容,分别按照权责发生制和收付实现制原则,确定乙单位 12 月的收入和费用,并将其填在表 1-2 中。

表 1-2　　　　　　权责发生制与收付实现制下收入与费用的对比表 2

单位:元

经济业务序号	权责发生制		收付实现制	
	收入	费用	收入	费用
(1)				
(2)				
(3)				
(4)				
(5)				
(6)				
合计				

第二章 会计要素与会计等式

【本章学习知识体系】

会计要素与会计等式
- 会计要素
  - 会计要素的含义与分类(★★)
  - 会计要素的确认(★★★)
  - 会计要素的计量(★★★)
- 会计等式
  - 会计等式的表现形式(★★★)
  - 经济业务对会计等式的影响(★★★)

【分节习题必会】

第一节 会计要素

一、单项选择题

1. 下列各项中,不属于企业拥有或控制的经济资源的是(　　)。
   A. 预付公司的材料款
   B. 租入(短期租赁和低价值资产租赁除外)的大型设备
   C. 临时租用的1辆汽车
   D. 将闲置不用的办公楼短期租赁给他人使用

2. 下列说法中,正确的是(　　)。
   A. 企业非日常活动中形成的经济利益总流入也属于收入要素的构成内容
   B. 所有者权益是企业投资者对企业资产的所有权
   C. 收入、费用和利润三项会计要素表现资金运动的显著动态状态,能够反映企业的经营成果
   D. 企业所有的利得和损失均应计入当期损益

3. 下列各项中,不属于所有者权益的是(　　)。
   A. 应付股利　　　B. 盈余公积　　　C. 未分配利润　　　D. 资本公积

4. 下列各项中,通常采用公允价值计量的是(　　)。
   A. 非流动资产可回收金额和以摊余成本计量的金融资产价值的确定
   B. 存货资产减值情况下的后续计量

C. 盘盈固定资产的计量

D. 交易性金融资产的计量

5. 下列各项中,不属于资产特征的是(　　)。

A. 资产是企业拥有或者控制的经济资源

B. 资产预期会给企业带来经济利益

C. 资产是在未来的交易或者事项中形成的

D. 资产是由于过去的交易或者事项形成的

6. 负债是指企业过去的交易或者事项形成的,预期会导致经济利益流出企业的(　　)。

A. 过去义务　　　B. 潜在义务　　　C. 现时义务　　　D. 未来义务

7. 期间费用不包括(　　)。

A. 管理费用　　　B. 制造费用　　　C. 财务费用　　　D. 销售费用

8. 下列各项中,只影响利润总额不影响营业利润的是(　　)。

A. 营业收入　　　B. 营业成本　　　C. 税金及附加　　　D. 营业外收入

9. 下列各项中,通常采用重置成本计量属性的是(　　)。

A. 盘盈固定资产的计算

B. 存货资产减值情况下的后续计量

C. 以摊余成本计量的金融资产价值的确定

D. 非流动资产可收回金额的计算

10. 依据我国《企业会计准则》的规定,下列六大会计要素划分正确的是(　　)。

A. 资产、负债、权益、收入、费用和利润

B. 资产、负债、股东权益、收入、费用和利润

C. 资产、负债、净资产、收入、支出和结余

D. 资产、负债、权益、收入、利得和利润

二、多项选择题

1. 下列各项中,属于会计计量属性的有(　　)。

A. 收付实现制　　B. 权责发生制　　C. 公允价值　　D. 重置成本

2. 下列各项中,属于企业非流动资产的有(　　)。

A. 固定资产　　　B. 原材料　　　C. 无形资产　　　D. 长期待摊费用

3. 下列各项中,属于反映财务状况的会计要素有(　　)。

A. 资产　　　　　B. 收入　　　　　C. 负债　　　　　D. 费用

4. 下列各项中,构成生产费用的有(　　)。

A. 产品促销广告费　　　　　　B. 生产产品用机器设备折旧

C. 直接从事产品生产的工人工资　D. 生产产品耗用的直接材料

5. 下列各会计要素中,反映财务状况并在资产负债表中列示的有(　　)。

A. 资产　　　　　B. 负债　　　　　C. 所有者权益　　D. 利润

6. 下列各项中,属于流动负债的有(　　)。

A. 应交税费　　　　　　　　　B. 应付及预收款项

C. 应付债券　　　　　　　　　D. 短期借款

7. 下列各项中,符合会计要素"收入"定义的有(　　)。
   A. 接受捐赠利得
   B. 工业企业出售原材料的收入
   C. 销售商品收取的销货款
   D. 向购买方收取的增值税销项税额

8. 下列各项中,构成工业企业收入的有(　　)。
   A. 销售低值易耗品收入 250 元
   B. 取得罚款收入 200 元
   C. 销售商品一批,价款 40 万元
   D. 出租包装物,租金收入 2 000 元

三、判断题

1. 流动资产是指预计在一个正常营业周期中变现、出售或耗用,或者主要为交易目的而持有,或者预计在资产负债表日起 1 年内(含 1 年)变现的资产,以及自资产负债表日起 1 年内交换其他资产或清偿负债的能力不受限制的现金或现金等价物。(　　)

2. 负债与所有者权益可以统称为权益,两者性质不同,但是它们投入企业的资金都形成企业的资产。(　　)

3. 企业所有的利得和损失均应计入当期利润。(　　)

4. 企业采用分期付款方式购入设备 1 台,付款期为 10 年,每年支付 2 万元,该台设备的入账价值应为 20 万元。(　　)

5. 会计要素为企业会计报表构筑了基本框架,因而会计要素也可称为会计报表要素。(　　)

6. 可变现净值是指在正常生产经营过程中,以预计售价减去进一步加工成本和预计销售费用以及相关税费后的净值。(　　)

7. 作为企业资产,必然是企业拥有其所有权的,会导致经济利益流入企业的经济资源。(　　)

第二节　会　计　等　式

一、单项选择题

1. 甲企业本年 1 月月初资产总额为 100 万元,本年 1 月发生下列业务:①向银行借款 60 万元存入银行;②用银行存款购买材料 4 万元;③收回应收账款 16 万元存入银行;④以银行存款偿还借款 12 万元。则甲企业本年 1 月月末资产总额为(　　)万元。
   A. 160
   B. 164
   C. 148
   D. 144

2. 银行将企业从银行的短期借款 3 000 000 元转为对该企业的投资,这项经济业务对于企业来说,将引起(　　)。
   A. 企业资产的减少,所有者权益的增加
   B. 企业负债的减少,所有者权益的增加
   C. 企业负债的增加,所有者权益的减少
   D. 企业负债的减少,资产的增加

3. 企业向银行借入款项,表现为(　　)。

A. 一项资产减少,一项负债减少　　B. 一项资产增加,一项负债增加
C. 一项资产增加,一项负债减少　　D. 一项资产减少,一项负债增加

4. 反映企业在任一时点所拥有的资产以及债权人和所有者对企业资产要求权的会计等式是(　　)。
A. 资产＝负债＋所有者权益＋收入－费用
B. 资产＝负债＋所有者权益＋收入
C. 资产＝负债＋所有者权益
D. 收入－费用＝利润

5. 下列经济业务中,会引起资产和所有者权益同时增加的是(　　)。
A. 收到投资者投入的作为出资的原材料
B. 收到银行借款并存入银行
C. 以转账支票归还长期借款
D. 提取盈余公积

二、多项选择题

1. 一个企业的资金运动大致有(　　)。
A. 资产内部此增彼减,总额不变
B. 所有者权益与资产此增彼减
C. 负债与资产此增彼减
D. 负债、所有者权益内部此增彼减,总额不变

2. 下列关于会计等式的表述中,正确的有(　　)。
A. 资产＝所有者权益
B. 资产＝权益
C. 资产＝负债＋所有者权益
D. 资产＝负债＋所有者权益＋(收入－费用)

3. 下列关于等式"收入－费用＝利润"的说法中,正确的有(　　)。
A. 收入与费用的差额是企业的利润
B. "收入－费用＝利润"反映的是某一特定时点的经营成果,是编制利润表的依据
C. "收入－费用＝利润"可称为第二会计等式,是资金运动的动态表现
D. "收入－费用＝利润"这一会计等式体现了企业利润的实现过程,也是构成利润表的三个基本要素

4. 下列关于会计等式的表述中,正确的有(　　)。
A. 会计等式是进行复式记账和编制会计报表的理论基础
B. "收入－费用＝利润"这一会计等式,是企业资金运动的动态表现
C. "资产＝负债＋所有者权益"这一会计等式,体现了企业在某一时期的财务状况
D. 会计等式揭示了会计要素之间的内在联系

三、判断题

1. 将资本公积转增实收资本的经济业务使企业的所有者权益一增一减。　　(　　)

2. 经济业务的发生,可能引起资产与权益总额发生变化,但是不会破坏会计基本等式的平衡关系。   ( )

【本章习题必练】

一、单项选择题

1. 企业购置某项固定资产后,其市场价值降低。根据会计要素计量属性中的(   )属性,不得因市场价值的变化而调整固定资产的入账价值。
   A. 重置成本　　　B. 历史成本　　　C. 可变现净值　　　D. 公允价值

2. 下列交易或者事项中,应确认为流动负债的是(   )。
   A. 企业拟于3个月后购买设备1台,款项未付
   B. 企业拟销售一批家电产品,货款已到账
   C. 企业计划购买A公司发行的5年期债券
   D. 企业向银行借入5年期借款,借款已到账

3. 下列各项中,不应确认为费用的是(   )。
   A. 广告宣传费　　　　　　　　　　B. 财务费用
   C. 管理费用　　　　　　　　　　　D. 固定资产处置净损失

4. 下列各项中,通常采用可变现净值计量属性的是(   )。
   A. 盘盈固定资产的计量
   B. 以摊余成本计量的金融资产价值的确定
   C. 非流动资产可收回金额的计算
   D. 存货资产减值情况下的后续计量

5. 资产按照其购置时支付的现金或者现金等价物的金额,或者按照购置时所付出对价的公允价值计量的计量属性是(   )。
   A. 历史成本　　　B. 重置成本　　　C. 可变现净值　　　D. 公允价值

6. 下列经济业务中,会引起企业资产和所有者权益同时增加的是(   )。
   A. 从银行取得短期借款　　　　　　B. 自当期净利润中提取盈余公积
   C. 预收购货单位货款　　　　　　　D. 收到外单位作为资本投入的机器设备

7. 甲企业用盈余公积转增了实收资本,下列各项中,能够表明此业务对会计要素影响的是(   )。
   A. 负债减少　　　　　　　　　　　B. 所有者权益总额不变
   C. 资产增加　　　　　　　　　　　D. 所有者权益总额增加

8. 费用与成本之间的关系是(   )。
   A. 两者是等同关系　　　　　　　　B. 两者没关系
   C. 两者既有联系又有区别　　　　　D. 费用包含成本

9. 下列关于会计要素的表述中,正确的是(   )。
   A. 收入是导致所有者权益增加的经济利益的总流入
   B. 负债是企业承担的潜在义务
   C. 利润仅包括企业一定期间内收入减去费用后的净额

D. 资产预期会给企业带来经济利益

10. 下列经济业务中,能够引起资产和负债同时增加的是(　　)。
   A. 用银行存款购买原材料　　　　B. 借入短期借款存入银行
   C. 用银行存款偿还前欠货款　　　　D. 用银行存款购买设备

11. 下列各项中,不计入营业收入的是(　　)。
   A. 提供服务收入　　　　　　　　B. 原材料销售收入
   C. 商品销售收入　　　　　　　　D. 盘盈利得

12. 下列各项中,不属于收入的是(　　)。
   A. 商品销售收入　　　　　　　　B. 服务收入
   C. 租金收入　　　　　　　　　　D. 增值税销项税额

13. 下列各项中,不符合所有者权益特征的是(　　)。
   A. 发生减资、清算或者分配现金股利,企业不需要偿还所有者权益
   B. 企业清算时,只有在清偿所有的负债后,所有者权益才返还给所有者
   C. 所有者凭借所有者权益能够参与企业的利润分配
   D. 除非发生减资、清算或者分配现金股利,企业不需要偿还所有者权益

14. 下列关于历史成本计量的表述中,正确的是(　　)。
   A. 历史成本就是某项财产物资的账面价值
   B. 历史成本就是公平交易中,熟悉情况的交易双方自愿认可的成本
   C. 历史成本就是取得某项财产物资时考虑资金时间价值的成本
   D. 历史成本就是取得或制造某项财产物资时实际支付的现金或现金等价物

15. 下列各项中,属于企业资产的是(　　)。
   A. 应付账款
   B. 租入(短期租赁和低价值资产租赁除外)的设备
   C. 预收账款
   D. 即将购入的原材料

16. 投资人投入的资金和债权人投入的资金,投入企业后,形成企业的(　　)。
   A. 成本　　　　B. 费用　　　　C. 资产　　　　D. 负债

17. 下列经济业务中,会引起资产类科目和所有者权益类科目同时增加的是(　　)。
   A. 赊购原材料
   B. 接受投资者投入的现金资产
   C. 向银行借入长期借款
   D. 用银行存款归还企业的银行短期借款

18. 企业经济业务按其对财务状况等式的影响不同可以分为九种基本类型,当一项资产增加时,不会出现的经济类型是(　　)。
   A. 另一项资产的等额减少　　　　B. 一项所有者权益的等额增加
   C. 一项负债的等额减少　　　　　D. 一项负债的等额增加

二、多项选择题
   1. 下列关于会计要素的表述中,正确的有(　　)。

A. 收入会导致所有者权益增加　　　　B. 费用是企业在日常活动中形成的
C. 可能会导致所有者权益减少　　　　D. 收入是企业在日常活动中形成的

2. 下列各项中,能使企业负债总额增加的有(　　)。
A. 计提应付债券利息　　　　　　　　B. 短期借款转为长期借款
C. 签发并承兑商业汇票抵付前欠货款　D. 从银行取得短期借款

3. 下列关于利润的表述中,正确的有(　　)。
A. 利润的确认只依赖于收入和费用的确认
B. 通常情况下,如果企业实现了利润,表明企业的所有者权益增加,业绩得到了提升
C. 利润是企业一定会计期间的经营成果
D. 利润反映收入减去费用、直接计入当期损益的利得减去损失后的净额

4. 下列各项中,应计入营业收入的有(　　)。
A. 商品销售收入　　　　　　　　　　B. 原材料销售收入
C. 无形资产使用费收入　　　　　　　D. 固定资产租金收入

5. 反映企业财务状况的静态要素有(　　)。
A. 资产　　　　B. 负债　　　　C. 利润　　　　D. 所有者权益

6. 下列各项中,属于生产费用的有(　　)。
A. 直接人工　　B. 管理费用　　C. 直接材料　　D. 制造费用

7. 根据会计等式,下列情形中,不会发生的有(　　)。
A. 资产增加、负债减少、所有者权益不变
B. 资产有增有减、权益不变
C. 资产不变、负债增加、所有者权益增加
D. 债权人权益增加、所有者权益减少、资产不变

8. 下列对资产特征的表述中,正确的有(　　)。
A. 预期会给企业带来经济利益　　　　B. 是企业拥有或控制的资源
C. 能够可靠地计量　　　　　　　　　D. 由企业过去的交易或事项形成

9. 下列经济业务中,能引起资产和所有者权益同时增加的有(　　)。
A. 盈余公积金转增资本
B. 收到外单位现金投资存入银行
C. 提取盈余公积
D. 收到国家投资存入银行

10. 下列各项中,属于营业成本的有(　　)。
A. 支付的广告费　　　　　　　　　　B. 销售多余材料的成本
C. 提供劳务的成本　　　　　　　　　D. 销售商品的成本

11. 所有者权益的来源包括(　　)。
A. 所有者投入的资本
B. 直接计入所有者权益的利得和损失
C. 留存收益
D. 直接计入当期损益的利得和损失减去损失负债

12. 下列经济业务中,会导致资产和负债同时增加的有(　　)。

A. 取得短期借款并存入银行　　　　B. 向银行借款用于偿还应付账款
C. 实际发放员工工资　　　　　　　D. 购入商品但货款尚未支付

13. 下列各项中,反映企业经营成果的会计要素有(　　)。
A. 利润　　　　B. 收入　　　　C. 费用　　　　D. 资产

14. 下列关于重置成本计量的表述中,正确的有(　　)。
A. 在重置成本计量下,资产按照其取得时支付的现金或现金等价物的金额计量
B. 重置成本是现在时点的成本
C. 在重置成本计量下,资产按照现在购买相同资产所需要支付的现金或现金等价物的金额计量
D. 在重置成本计量下,资产按照其对外销售所能收到现金或现金等价物的金额计量

15. 下列说法中,正确的有(　　)。
A. 盘盈固定资产采用重置成本计量
B. 可变现净值通常应用于存货等资产减值情况下的后续计量
C. 采用历史成本计量时,不考虑随后市场价格变动的影响
D. 公允价值主要应用于交易性金融资产和交易性金融负债的计量

16. 下列有关收入和利得的表述中,正确的有(　　)。
A. 收入会导致经济利益的流入,利得不一定会导致经济利益的流入
B. 收入会导致所有者权益的增加,利得不一定会导致所有者权益的增加
C. 收入源于日常活动,利得源于非日常活动
D. 收入会影响利润总额,利得也会影响利润总额

17. 下列各项中,属于费用要素特点的有(　　)。
A. 企业在日常活动中发生的经济利益的总流入
B. 会导致所有者权益减少
C. 会导致所有者权益增加
D. 与向所有者分配利润无关

18. 企业的资金来源分为(　　)。
A. 销售产品收入　　　　　　　　B. 债权人投入资金
C. 所有者投入资金　　　　　　　D. 提供服务收入

19. 下列各项中,属于反映企业财务状况的会计要素的有(　　)。
A. 利润　　　　B. 费用　　　　C. 资产　　　　D. 所有者权益

20. 在利润表中,利润按照构成情况,可分为(　　)三个层次。
A. 营业利润　　B. 利润总额　　C. 息税前利润　　D. 净利润

21. 下列经济业务中,能引起资产和负债总额同时增加的有(　　)。
A. 用银行存款偿还所欠货款　　　B. 从银行借款存入企业的存款账户
C. 企业赊购材料一批　　　　　　D. 收到投资人投入的资金存入银行

三、判断题

1. 历史成本计量基于经济业务的实际交易成本,因而,不考虑随后市场价格变动的影响。(　　)

2. 收入、费用和利润这三项会计要素反映企业的财务状况。（ ）
3. 资产是过去的交易或者事项形成的企业拥有的资源,该资源预期会给企业带来经济利益。（ ）
4. 费用可表现为资产的减少或负债的增加。（ ）
5. 现值就是按照现行市场价格进行计量的价值。（ ）
6. 企业临时租用1辆汽车,租入汽车时确认为企业的资产。（ ）
7. 资产和权益反映的是同一事物的两个不同方面。（ ）
8. "资产＝负债＋所有者权益"体现了企业资金运动过程中某一特定时期的资产分布和权益构成。（ ）
9. 利润总额是指主营业务利润加上营业外收入,减去营业外支出后的金额。（ ）
10. 所有资产减少或负债增加而引起的所有者权益减少都意味着企业发生了费用。（ ）
11. 当企业的某项固定资产一旦被淘汰不能带来经济利益的流入时,则该项固定资产就不能继续作为资产进行核算。（ ）
12. 资产、负债与所有者权益的平衡关系是企业资金运动处于相对静止状态下出现的,如果考虑收入、费用等动态要素,则资产与权益总额的平衡关系必然被破坏。（ ）
13. 企业为生产商品或提供服务等所发生的各项费用构成企业的生产成本,包括直接材料、直接人工及制造费用。（ ）
14. 在计算企业利润时,营业外收入和营业外支出,不仅影响营业利润,也影响利润总额。（ ）
15. 所有者权益是指企业投资人对企业资产的所有权。（ ）
16. 所有者权益是所有者对企业资产的剩余索取权。（ ）
17. 所有者权益不需要偿还,除非发生减值、清算。（ ）
18. "收入－费用＝利润"这一会计等式,是复式记账法的理论基础,也是编制资产负债表的依据。（ ）
19. 企业银行存款提现,该业务会引起资产与负债的同时减少。（ ）

第三章 会计科目与账户

【本章学习知识体系】

会计科目与账户
- 会计科目
  - 会计科目的含义与分类(★)
  - 会计科目的设置(★★)
- 账户
  - 账户的含义与分类(★)
  - 账户的功能与结构(★★★)
  - 账户与会计科目的关系(★★★)

【分节习题必会】

第一节 会计科目

一、单项选择题

1. 下列各项中,属于会计对象的第三层次的是( )。
   A. 会计要素　　　　　　　B. 会计分录
   C. 会计科目　　　　　　　D. 资金运动
2. 下列各项中,不属于损益类科目的是( )科目。
   A. "投资收益"　　　　　　B. "销售费用"
   C. "制造费用"　　　　　　D. "其他业务成本"
3. 负债类会计科目按( )分类,可分为流动负债和非流动负债。
   A. 流动性　　B. 性质　　C. 经济内容　　D. 求偿权先后
4. 会计科目按其提供信息的详细程度及其统驭关系分类,可以分为( )。
   A. 二级科目和三级科目
   B. 资产类、负债类、所有者权益类、成本类、损益类
   C. 一级科目和明细科目
   D. 一级科目和二级科目
5. 在我国,制定总分类科目的权威部门是( )。
   A. 银监会　　B. 财政部　　C. 保监会　　D. 国家税务总局
6. "待处理财产损溢"科目属于( )。

A. 资产类科目　　　　　　　　　　　B. 所有者权益类科目
C. 负债类科目　　　　　　　　　　　D. 成本类科目

7. 下列关于会计科目设置原则的表述中,正确的是(　　)。
A. 合法性原则是指所设置的会计科目应当符合会计行政法规
B. 相关性原则是以可靠性为基础,会计信息在可靠性前提下,尽可能地做到相关,以满足对外报告的要求
C. 实用性原则是指在合法性原则的基础上,企业应当根据自身的组织形式、经营内容、业务种类等特点,设置符合企业需要的会计科目,满足企业实际需求
D. 会计科目设置原则包括合法性、相关性、实用性和可比性

8. 甲企业设置了"原材料——燃料——焦炭"科目,在此科目中,"燃料"属于(　　)。
A. 二级明细科目　　　　　　　　　　B. 一级明细科目
C. 总分类科目　　　　　　　　　　　D. 三级明细科目

9. (　　)是对会计要素的具体内容进行分类核算的项目。
A. 会计对象　　　　　　　　　　　　B. 会计账户
C. 会计科目　　　　　　　　　　　　D. 明细分类账

二、多项选择题

1. 下列各项中,属于非流动资产科目的有(　　)科目。
A. "原材料"　　B. "研发支出"　　C. "在建工程"　　D. "工程物资"

2. 下列关于会计科目的设置应遵循的相关性原则的表述中,正确的有(　　)。
A. 会计科目的设置应当为提供各方会计信息使用者所需要的会计信息服务
B. 会计科目的设置应当满足对外报告和对内管理的要求
C. 会计科目的设置应当有利于提高会计核算所提供的会计信息相关性
D. 会计科目的设置应当根据企业自身特点,符合企业需要

3. 下列各项中,属于留存收益的有(　　)。
A. 实收资本　　B. 资本公积　　C. 盈余公积　　D. 未分配利润

4. 下列各项中,不属于利润要素但属于所有者权益类科目的有(　　)。
A. "本年利润"　　B. "资本公积"　　C. "实收资本"　　D. "盈余公积"

三、判断题

1. 所有的总分类科目都应该设置明细科目,进行明细核算。(　　)
2. "应付利息"属于负债类科目。(　　)
3. 如果某一总分类科目所辖的明细分类科目较多,可在总分类科目下设置二级明细科目,在二级明细科目下设置三级明细科目。(　　)
4. 会计科目是对会计对象的基本分类,是会计核算对象的具体化。(　　)
5. 各企业、单位应根据各自经济业务的实际需要随意自行设置总账科目。(　　)
6. 按成本的不同内容和性质,成本类科目分为反映制造成本的科目、反映销售成本的科目和反映研发成本的科目。(　　)

第二节 账 户

一、单项选择题

1. ( )是账户的名称,也是设置会计账户的依据。
   A. 会计要素　　B. 会计对象　　C. 会计分期　　D. 会计科目
2. 下列关于会计科目与会计账户关系的表述中,正确的是( )。
   A. 两者结构相同　　　　　　　B. 两者核算内容相同
   C. 两者格式相同　　　　　　　D. 两者互不相关

二、多项选择题

1. 下列各项中,属于成本类账户的有( )账户。
   A. "研发支出"　　B. "生产成本"　　C. "合同取得成本"　　D. "制造费用"
2. 账户的各项金额要素的关系可用( )表示。
   A. 期末余额＝期初余额＋本期增加发生额－本期减少发生额
   B. 期末余额＋本期减少发生额＝期初余额＋本期增加发生额
   C. 期末余额－期初余额－本期增加发生额＝本期减少发生额
   D. 期末余额－期初余额＝本期增加发生额－本期减少发生额

三、判断题

1. 账户和会计科目是完全相同的概念。 ( )
2. 总分类账户是企业基本的账户,在不同企业,总分类账户的设立具有更多的"共性",但明细分类账户的设立却更多地取决于企业内部经营管理的特殊要求。 ( )

【本章习题必练】

一、单项选择题

1. 下列各项中,属于负债类科目的是( )科目。
   A. "长期待摊费用"　　　　　　B. "应收账款"
   C. "预收账款"　　　　　　　　D. "预付账款"
2. 开设明细分类账户的依据是( )。
   A. 试算平衡表　　　　　　　　B. 明细分类科目
   C. 总分类科目　　　　　　　　D. 会计要素内容
3. 所有者权益类的会计科目中,盈余公积与( )统称为留存收益,是企业经过生产经营过程后存在企业内部积累的利润的一部分。
   A. 实收资本　　B. 未分配利润　　C. 资本公积　　D. 本年利润
4. 企业必须根据规定的( )开设账户。
   A. 工作岗位责任制　　　　　　B. 成本开支条例

C. 会计科目　　　　　　　　　　D. 现金收支范围

5. 账户的余额按照表示的时间不同,可以分为(　　)。
   A. 期初余额和本期减少发生额
   B. 期初余额和本期增加发生额
   C. 本期增加发生额和本期减少发生额
   D. 期初余额和期末余额

6. 下列各项中,不属于流动负债类科目的是(　　)科目。
   A. "应付职工薪酬"　　　　　　B. "应付票据"
   C. "应付利润"　　　　　　　　D. "应付债券"

7. 账户按其所提供信息的详细程度及其统驭关系不同,可分为(　　)。
   A. 资产类账户和负债类账户　　　B. 成本类账户和损益类账户
   C. 总分类账户和明细分类账户　　D. 所有者权益类账户

8. 会计科目简称科目,是指对会计要素的(　　)进行分类核算的项目。
   A. 会计对象　　B. 具体内容　　C. 经济性质　　D. 会计准则

9. 下列会计科目中,与"管理费用"科目属于同一类科目的是(　　)科目。
   A. "投资收益"　B. "本年利润"　C. "无形资产"　D. "应交税费"

10. 下列各项中,不属于资产负债表中的"存货"报表项目的是(　　)科目。
    A. "原材料"　B. "包装物"　　C. "库存商品"　D. "工程物资"

11. 下列各项中,与"制造费用"科目属于同一类科目的是(　　)科目。
    A. "固定资产"　　　　　　　　B. "其他业务成本"
    C. "主营业务成本"　　　　　　D. "生产成本"

12. 下列关于会计科目设置的表述中,不正确的是(　　)。
    A. 应当遵循谨慎性原则
    B. 应当满足各方会计信息使用者的信息需求
    C. 应当符合国家统一会计制度的规定
    D. 应当符合单位自身特点

13. 下列关于会计账户设置的表述中,正确的是(　　)。
    A. 账户的设置以会计科目为依据,并服从于会计报表对会计信息的要求
    B. 账户的设置以会计主体为依据,并服从于会计主体对会计信息的要求
    C. 账户的设置以会计报表为依据,并服从于会计报表对总账和明细账的要求
    D. 账户的设置以会计假设为依据,并服从于会计核算对货币计量的要求

14. 总分类会计科目一般按(　　)进行设置。
    A. 企业管理的需要　　　　　　B. 经济业务的种类不同
    C. 会计核算的需要　　　　　　D. 财政部统一的规定

二、多项选择题

1. 下列各项中,属于资产类科目的有(　　)科目。
   A. "预收账款"　B. "库存现金"　C. "应收账款"　D. "预付账款"

2. 下列关于账户和会计科目的说法中,正确的有(　　)。

A. 两者反映的具体经济内容是相同的
B. 两者的性质相同
C. 会计科目和账户一样,都有一定的格式和结构
D. 账户是会计科目的名称,是设置账户的依据

3. 下列关于账户的表述中,正确的有(　　)。
A. 账户是用于分类反映会计要素增减变动情况及其结果的载体
B. 账户是根据会计科目设置的
C. 账户具有一定格式和结构
D. 账户可按其反映的经济内容、提供信息的详细程度及其统驭关系进行分类

4. 下列各项中,属于损益类账户的有(　　)账户。
A. "营业外收入"　　　　　　　　B. "其他业务收入"
C. "主营业务收入"　　　　　　　D. "营业外支出"

5. 下列各项表述中,不正确的有(　　)。
A. "本年利润"属于所有者权益类科目,但属于利润要素
B. "制造费用"属于费用要素,但属于成本类科目
C. "生产成本"属于资产要素,同时也属于资产科目
D. "销售费用"属于费用要素,但属于成本类科目

6. 下列各项中,反映流动负债的账户有(　　)账户。
A. "应付账款"　　B. "长期应付款"　　C. "预收账款"　　D. "预付账款"

7. 下列关于账户金额关系的等式中,正确的有(　　)。
A. 期末余额＝期初余额＋本期增加发生额－本期减少发生额
B. 期末余额－期初余额＝本期增加发生额－本期减少发生额
C. 期末余额－期初余额＋本期增加发生额＝本期减少发生额
D. 期末余额－期初余额－本期增加发生额＝－本期减少发生额

8. 下列各项中,属于会计科目分类方法的有(　　)。
A. 按其反映的经济内容(即所属会计要素)分类
B. 按企业内部管理与外部信息需要分类
C. 按其核算的具体内容分类
D. 按所提供信息的详细程度及其统驭关系分类

9. 账户的结构是指账户的组成部分及其相互关系,下列各项中,属于其具体内容的有(　　)。
A. 账户的名称　　　　　　　　　B. 增减金额及余额等
C. 所依据记账凭证的编号　　　　D. 所依据记账凭证中注明的日期

10. 下列各项说法中,正确的有(　　)。
A. 会计科目是指对会计要素的具体内容进行分类核算的项目
B. 会计科目不仅表明了本身的核算内容,也决定了其自身的结构
C. 会计科目是设置账户的依据
D. 损益类科目按损益的不同,可以分为反映收入的科目和反映费用的科目

三、判断题

1. 会计科目设置过程中应遵循合法性、相关性、合理性原则。（   ）
2. 按所有者权益的形成和性质，所有者权益科目分为反映资本的科目和反映留存收益的科目。（   ）
3. "生产成本"属于成本类科目。（   ）
4. 账户是根据会计科目开设的，两者的结构一致、性质相同。（   ）
5. 账户的本期发生额是动态资料，而期末余额与期初余额是静态资料。（   ）
6. 由于企业各种资产、负债、成本、费用等要素内容复杂多样，为方便管理，明细分类账户的设置越细越好。（   ）
7. 对于国家统一会计制度规定的会计科目，企业在任何情况下都不能自行减少或合并。（   ）
8. 为了保证会计核算指标、口径的一致性，企业不得自行设置二级明细科目。（   ）
9. "资本公积""盈余公积"都是反映企业留存收益的科目。（   ）
10. 会计科目按提供信息的详细程度及其统驭关系，可以分为总分类科目和明细分类科目。（   ）
11. 总分类账户是提供会计要素具体内容总括核算指标的，一般只用货币计量，而明细账户除了使用货币计量，必要时还需要使用实物、劳动量等单位进行计量。（   ）
12. 在实际工作中，对会计科目和账户常常不加以严格区分而是相互通用。（   ）

四、计算分析题

1. 甲制药公司20×8年6月部分账户的期初余额，如表3-1所示。

表3-1　　　　　　　　　　20×8年6月部分账户的期初余额表

单位：元

库存现金	8 000.00	短期借款	80 000.00
银行存款	850 000.00	应付账款	70 000.00
应收账款	102 000.00	实收资本	150 000.00
原材料	40 000.00		
固定资产	300 000.00		

甲制药公司20×8年6月发生经济业务如下：

(1) 6月5日，从银行提取库存现金3 000元，以备发放工资。

(2) 6月8日，用转账支票购入生产运输用卡车1辆，计250 000元。

(3) 6月15日，接受乙生物科技公司用价值300 000元的材料向本公司投资，材料已验收入库。

(4) 6月20日，用银行存款60 000元归还从中国工商银行的流动资金借款。

(5) 6月22日，收回丙医药公司用银行承兑汇票偿还前欠本公司的货款100 000元。

(6) 6月28日，以银行承兑汇票20 000元偿还前欠丁物流公司的购货款。

根据以上资料，回答下列问题：

(1) 下列关于甲制药公司20×8年6月月末的权益金额的表述中，正确的有(   )。

A. 20×8年6月月末债权人权益金额为70 000元
B. 20×8年6月月末所有者权益金额为450 000元
C. 20×8年6月月末权益金额为520 000元
D. 20×8年6月月末权益金额为1 620 000元

(2) 核算甲制药公司20×8年6月8日的经济业务应当涉及的账户有(　　)。

A. "固定资产" B. "低值易耗品"
C. "其他货币资金" D. "银行存款"

(3) 核算甲制药公司20×8年6月22日的经济业务应当涉及的账户有(　　)。

A. "应收票据" B. "应付票据" C. "银行存款" D. "应收账款"

(4) 下列表述中,正确的有(　　)。

A. "乙生物科技公司用材料向甲制药公司投资"导致甲制药公司资产一增一减,总资产不变
B. 甲制药公司20×8年6月月末"固定资产"账户余额为550 000元
C. 甲制药公司20×8年6月月末"银行存款"账户余额为537 000元
D. 甲制药公司20×8年6月月末"实收资本"账户余额保持150 000元不变

第四章 会计记账方法

【本章学习知识体系】

会计记账方法
- 会计记账方法的种类
  - 单式记账法(★)
  - 复式记账法(★★)
- 借贷记账法
  - 借贷记账法的含义(★★)
  - 借贷记账法下账户的结构(★★★)
  - 借贷记账法的记账规则(★★★)
  - 借贷记账法下的账户对应关系与会计分录(★★)
  - 借贷记账法下的试算平衡(★★★)

【分节习题必会】

第一节 会计记账方法的种类

一、单项选择题

1. 复式记账法是以( )为记账基础的一种记账方法。
   A. 试算平衡　　　　　　　　　B. 资产和权益平衡关系
   C. 经济业务　　　　　　　　　D. 会计科目

2. 复式记账法是指对于每一笔经济业务,都必须用相等的金额在( )相互联系的账户中进行登记,全面、系统地反映会计要素增减变化的一种记账方法。
   A. 三个　　　　B. 两个　　　　C. 一个　　　　D. 两个或两个以上

二、多项选择题

1. 复式记账法按照记账符号不同,可分为( )。
   A. 收付记账法　　B. 复币记账法　　C. 借贷记账法　　D. 增减记账法

2. 下列关于单式记账法的表述中,正确的有( )。
   A. 单式记账法是指对发生的每一项经济业务,只在一个账户中加以登记的记账方法
   B. 单式记账法记账手续简单,但没有一套完整的账户体系
   C. 不便于检查账户记录内容的正确性和完整性

D. 单式记账法不能全面、系统地反映各项会计要素的增减变动情况和经济业务的来龙去脉

三、判断题

1. 在我国《企业会计准则》中明确了会计记账要采用增减记账法。 （ ）
2. 复式记账法是指对所发生的每项经济业务都以会计凭证为依据,一方面记入有关总分类账户,另一方面记入总账所属明细分类账户的方法。 （ ）

第二节 借贷记账法

一、单项选择题

1. 下列关于编制试算平衡表的表述中,正确的是(   )。
   A. 试算平衡表是检查账户记录的唯一方法
   B. 只要借、贷方金额合计平衡了,便可以确保账簿记录完全正确
   C. 如果借、贷方金额合计不平衡,结账或者记账肯定有错误
   D. 通过编制试算平衡表,可以检查账户记录中的全部错误
2. 所有者权益类账户的本期增加数和期末余额,应登记在该账户的(   )。
   A. 贷方   B. 借方   C. 借方和贷方   D. 贷方和借方
3. 在借贷记账法下,账户的贷方用来登记(   )。
   A. 负债类账户的减少   B. 所有者权益类账户的增加
   C. 收入类账户的减少   D. 成本类账户的增加
4. "预付账款"账户的期末余额等于(   )。
   A. 期初余额＋贷方发生额－借方发生额
   B. 期初余额－贷方发生额－借方发生额
   C. 期初余额＋贷方发生额＋借方发生额
   D. 期初余额＋借方发生额－贷方发生额
5. 会计分录的基本要素不包括(   )。
   A. 账户名称   B. 应借应贷方向   C. 记录的金额   D. 记账的时间
6. 下列关于费用类账户的说法中,不正确的是(   )。
   A. 贷方登记费用的减少数   B. 如有期末余额,必定为贷方余额
   C. 期末结转后一般没有余额   D. 费用的增加额记入账户的借方
7. 账户期末余额试算平衡的公式是(   )。
   A. 全部账户的期末借方余额合计＝全部账户的期初借方余额合计＋全部账户的期初贷方余额合计－全部账户的期末贷方余额合计
   B. 全部账户的期末借方余额合计＝全部账户的期初借方余额合计－全部账户的期初贷方余额合计＋全部账户的期末贷方余额合计
   C. 全部账户的期末借方余额合计＝全部账户的期初借方余额合计＋全部账户的期初贷方余额合计＋全部账户的期末贷方余额合计

D. 全部账户的期末借方余额合计＝全部账户的期末贷方余额合计

二、多项选择题

1. 甲企业月末编制试算平衡表时,因"库存现金"账户的余额计算不正确,导致试算平衡中全部账户月末借方余额合计为84 000元,而全部账户月末贷方余额合计为80 000元,则"库存现金"账户(　　)。

    A. 为借方余额
    B. 为贷方余额
    C. 贷方余额多记4 000元
    D. 借方余额多记4 000元

2. 下列关于损益类账户的表述中,正确的有(　　)。

    A. 损益类账户反映企业发生的收入和成本
    B. 无论是损益类账户中的收入类账户,还是损益类账户中的费用类账户,期末结转后,账户一般无余额
    C. 损益类账户中的费用类账户借方登记费用的减少数
    D. 损益类账户中的收入类账户结构类似所有者权益类科目

3. 下列关于"有借必有贷,借贷必相等"记账规则的表述中,正确的有(　　)。

    A. 记入一个账户的借方,必须同时记入另一个或几个账户的贷方
    B. 记入一个账户的贷方,必须同时记入另一个或几个账户的借方
    C. 记入一个账户的借方,必须同时记入该账户的贷方
    D. 记入几个账户的贷方,必须同时记入另几个账户的贷方

4. 下列会计等式中,正确反映试算平衡关系的有(　　)。

    A. 全部账户本期借方发生额合计＝全部账户本期贷方发生额合计
    B. 全部账户本期借方余额合计＝全部账户本期贷方余额合计
    C. 资产类账户借方发生额合计＝资产类账户贷方发生额合计
    D. 负债类账户借方发生额合计＝负债类账户贷方发生额合计

5. 下列各项中,能够通过试算平衡查找的记账错误有(　　)。

    A. 重记、漏记某项经济业务
    B. 账户记账方向相反
    C. 漏记某一会计科目的金额
    D. 借、贷方余额不一致

6. 下列关于会计分录的表述中,正确的有(　　)。

    A. 多借多贷会计分录,除了特殊情况,一般不使用
    B. 会计分录可以分为简单分录和复合分录
    C. 借贷方向、科目名称和金额构成会计分录的三要素
    D. 在实际工作中,编制会计分录是通过填制原始凭证来完成的

7. 下列关于会计分录书写格式的说法中,正确的有(　　)。

    A. 先借后贷,分行列示
    B. 贷方所有一级科目的首个文字保持对齐
    C. "贷"字与借方科目的首个文字对齐,贷方金额与借方金额适当错开
    D. 所有贷方金额的个位数字保持右对齐

8. 下列账户中,与资产类账户结构相反的有(　　)。
A. 所有者权益类账户　　　　　　B. 负债类账户
C. 费用类账户　　　　　　　　　D. 收入类账户
9. 下列关于试算平衡编制依据的表述中,正确的有(　　)。
A. 收入－费用＝利润　　　　　　B. 资产＝负债＋所有者权益
C. 有借必有贷　　　　　　　　　D. 借贷必相等

三、判断题

1. 成本类账户与资产类账户的结构相同。　　　　　　　　　　　　　　(　　)
2. "负债类"账户的本期减少额和期末余额分别反映在借方和贷方　　　(　　)
3. 在会计处理中,只能编制一借一贷、一借多贷、一贷多借的会计分录,而不能编制多借多贷的会计分录,以避免对应关系混乱。　　　　　　　　　　　　　　(　　)
4. 只要试算平衡了,就可以确保账簿记录绝对正确。　　　　　　　　　(　　)
5. 复合会计分录是指多借多贷形式的会计分录。　　　　　　　　　　　(　　)
6. "借方期末余额＝借方期初余额＋本期借方发生额－本期贷方发生额"这一公式适用于任何性质账户的结算。　　　　　　　　　　　　　　　　　　　　　　　　(　　)
7. 若企业所有总分类账户期初余额是平衡的,即使本期发生额试算不平衡,期末余额试算也有可能会平衡。　　　　　　　　　　　　　　　　　　　　　　　　　　(　　)
8. 借贷记账法的记账规则为:有借必有贷,借贷必相等。即对于每一笔经济业务都要在两个账户中以借方和贷方相等的金额进行登记。　　　　　　　　　　　　(　　)

【本章习题必练】

一、单项选择题

1. "应收账款"账户的期末余额等于(　　)。
A. 期初余额＋本期借方发生额－本期贷方发生额
B. 期初余额＋本期借方发生额＋本期贷方发生额
C. 期初余额－本期借方发生额－本期贷方发生额
D. 期初余额－本期借方发生额＋本期贷方发生额
2. 在编制发生额试算平衡表时,在借方合计中不可能出现的经济业务是(　　)。
A. 资产的增加　　　　　　　　　B. 所有者权益的增加
C. 所得税费用的增加　　　　　　D. 成本费用的增加
3. 备抵账户的结构与所调整账户的结构(　　)。
A. 没有可比性　　B. 相反　　　　C. 类似　　　　D. 相同
4. 下列关于会计分录的表述中,不正确的是(　　)。
A. 复合会计分录是指涉及两个以上(不含两个)对应账户所组成的会计分录
B. 会计分录按涉及账户的多少,可以分为简单会计分录和复合会计分录
C. 应借应贷方向、相互对应的账户名称、记录的金额构成了会计分录的三要素
D. 会计实际工作中,最常用的会计分录为一借一贷、多借多贷分录

5. 借贷记账法的记账规则是( )。
   A. 有借必有贷,借贷必相等
   B. 借贷余额相等
   C. 借贷必相等
   D. 有借必有贷

6. 下列各项中,应在账户借方核算的是( )。
   A. 收入类账户的增加额
   B. 成本类账户的增加额
   C. 负债类账户的增加额
   D. 所有者权益类账户的增加额

7. 下列各项中,不属于成本类账户的记账规则的是( )。
   A. 期末余额在贷方
   B. 期末余额在借方
   C. 增加记借方
   D. 减少记贷方

8. 所有者权益类账户的期末余额根据( )计算。
   A. 借方期末余额=借方期初余额+贷方本期发生额－借方本期发生额
   B. 借方期末余额=借方期初余额+借方本期发生额－贷方本期发生额
   C. 贷方期末余额=贷方期初余额+贷方本期发生额－借方本期发生额
   D. 贷方期末余额=贷方期初余额+借方本期发生额－贷方本期发生额

9. 下列关于所有者权益类账户结构的表述中,正确的是( )。
   A. 减少记贷方
   B. 增加记借方
   C. 增加记贷方
   D. 期末无余额

10. 甲公司月末编制的试算平衡表中,全部账户本期借方发生额合计为180万元,"短期借款"账户以外的账户本期贷方发生额合计为175万元,则"短期借款"账户( )。
    A. 本月贷方发生额为5万元
    B. 本月借方发生额为5万元
    C. 本月借方余额为5万元
    D. 本月贷方余额为5万元

11. 账户中存在的对应关系是指采用借贷记账法对每笔交易或事项进行记录时,相关账户之间存在的( )的关系。
    A. 总分类账户与明细分类账户之间
    B. 账户中的统驭
    C. 应借、应贷
    D. 资产类账户与权益类账户之间

12. 下列会计分录的形式中,属于简单会计分录的是( )。
    A. 多借多贷
    B. 一借一贷
    C. 一借多贷
    D. 多借一贷

13. 收入类账户期末一般( )。
    A. 余额在贷方
    B. 余额在借方
    C. 无余额
    D. 余额在借方或贷方

二、多项选择题

1. 年末结账后,下列账户中,一定没有余额的有( )。
   A. "本年利润"
   B. "主营业务收入"
   C. "应付账款"
   D. "制造费用"

2. 下列各项中,能够引起资产和负债同时增加的业务有( )。
   A. 以银行存款偿还前欠货款
   B. 购入商品尚未付款

C. 举借新债偿还旧债
D. 以借入的款项购入设备

3. 下列各项中,在借贷记账法下,可以在账户借方登记的有(　　)。
   A. 负债的减少　　　　　　　　　B. 收入的减少
   C. 资产的增加　　　　　　　　　D. 所有者权益的增加

4. 下列经济业务中,同时涉及两个资产类账户,其中一个记增加,另一个记减少的有(　　)。
   A. 以银行存款购买原材料　　　　B. 以银行存款归还前欠货款
   C. 从银行提取库存现金　　　　　D. 收到其他单位还来前欠货款

5. 借贷记账法下的试算平衡包括(　　)。
   A. 发生额试算平衡　　　　　　　B. 减少额试算平衡
   C. 增加额试算平衡　　　　　　　D. 余额试算平衡

6. 复式记账法的优点包括(　　)。
   A. 能够全面反映经济业务内容和资金运动的来龙去脉
   B. 能够进行试算平衡
   C. 记账手续简单
   D. 便于查账和对账

7. 在借贷记账法下,账户的贷方应登记(　　)。
   A. 负债、收入的增加数　　　　　B. 资产、成本的增加数
   C. 资产、成本的减少数　　　　　D. 负债、收入的减少数

8. 下列账户中,期末一般无余额的有(　　)账户。
   A. "税金及附加"　　　　　　　　B. "主营业务收入"
   C. "实收资本"　　　　　　　　　D. "所得税费用"

9. 下列关于复式记账法的表述中,正确的有(　　)。
   A. 复式记账法可以通过账户登记,完整、系统地反映经济活动的过程和结果
   B. 复式记账法能够进行试算平衡,便于查账和对账
   C. 复式记账法可以全面、系统地反映各项会计要素的增减变动
   D. 复式记账法对于每一笔经济业务,都要在两个或两个以上的账户进行相互联系的登记

三、判断题

1. "收入－费用＝利润"这一会计等式,是复式记账法的理论基础,也是编制资产负债表的依据。(　　)
2. "应收账款"账户贷方登记的是应收款项的减少数。(　　)
3. 试算平衡是指根据借贷记账法的记账规则和资产与权益的恒等关系,通过对所有账户的发生额和余额的汇总计算的比较,来检查账户记录是否正确的一种方法。(　　)
4. 会计分录简称分录,是对每项经济业务列示出应借、应贷的账户名称及其金额的一种记录。(　　)
5. 在借贷记账法中,"借"和"贷"两个字只是记账的符号,分别代表账户的左方和右方。至于"借"表示增加还是"贷"表示增加,则取决于账户的性质。(　　)

6. 为判断账户记录是否正确,常用编制试算平衡表的方法。只要试算平衡表实现平衡,即说明账户记录正确无误。( )

四、计算分析题

甲企业 20×9 年 6 月 1 日有关总分类账户期初余额,如表 4-1 所示。

表 4-1   总分类账户期初余额表
20×9 年 6 月 1 日   单位:元

账户名称	金额	账户名称	金额	账户名称	金额
库存现金	150	银行存款	100 000	原材料	2 350
固定资产	80 000	生产成本	7 500	短期借款	5 000
应付账款	25 000	实收资本(或股本)	160 000		

甲企业 20×9 年 6 月发生如下经济业务:
(1) 收到投资者投入的货币资金投资 50 000 元,已存入银行。
(2) 用银行存款 30 000 元购入汽车 1 辆。
(3) 从银行提取库存现金 2 000 元。
(4) 借入短期借款 100 000 元,存入银行。
(5) 用银行存款 400 元偿还应付账款。
(6) 为生产产品领用原材料一批,价值 15 000 元。
(7) 购入原材料一批,货款 100 000 元,尚未支付。
(8) 用银行存款 15 000 元偿还短期借款。

要求:根据上述资料编制试算平衡表,如表 4-2 所示。

表 4-2   总分类账户试算平衡表
20×9 年 6 月 30 日   单位:元

账户名称	期初余额		本期发生额		期末余额	
	借方	贷方	借方	贷方	借方	贷方
库存现金						
银行存款						
原材料						
固定资产						
生产成本						
短期借款						
应付账款						
实收资本(或股本)						
合计						

第五章 借贷记账法下主要经济业务的账务处理

【本章学习知识体系】

借贷记账法下主要经济业务的账务处理
- 企业的主要经济业务
  - 经济业务的主要内容(★)
  - 账务处理的主要内容(★)
- 资金筹集业务的账务处理
  - 所有者权益筹资业务的账务处理(★★★)
  - 负债筹资业务的账务处理(★★★)
- 固定资产业务的账务处理
  - 固定资产的含义与特征(★★)
  - 固定资产的成本(★★★)
  - 固定资产的折旧(★★★)
  - 固定资产业务的账户设置(★★★)
  - 固定资产业务不同情况下的账务处理(★★★)
- 材料采购业务的账务处理
  - 材料的采购成本(★★)
  - 材料采购业务的账户设置(★★★)
  - 材料采购业务不同情况下的账务处理(★★★)
- 生产业务的账务处理
  - 生产费用的构成(★★)
  - 生产业务的账户设置(★★★)
  - 生产业务不同情况下的账务处理(★★★)
- 销售业务的账务处理
  - 商品销售收入的确认与计量(★★★)
  - 销售业务的账户设置(★★★)
  - 销售业务不同情况下的账务处理(★★★)
- 期间费用的账务处理
  - 期间费用的构成(★★)
  - 期间费用的账户设置(★★★)
  - 期间费用不同情况下的账务处理(★★★)
- 利润形成与分配业务的账务处理
  - 利润形成业务的账务处理(★★★)
  - 利润分配业务的账务处理(★★★)

【分节习题必会】

第一节 企业的主要经济业务

一、单项选择题

1. 下列经济活动中,体现资金退出的是(　　)。

A. 向所有者分配利润 B. 购买原材料
C. 向银行借款 D. 购买机器
2. 资金运动的起点是（　　）。
A. 资金的投入 B. 资金的运用
C. 资金的退出 D. 资金的循环与周转

二、多项选择题
1. 企业的资金运动表现为（　　）三个过程。
A. 资金的投入 B. 资金的运用 C. 资金的静止 D. 资金的退出
2. 工业企业的经营过程包括（　　）等环节的不断循环与周转。
A. 供应 B. 生产 C. 销售 D. 分配利润

三、判断题
1. 资金的退出是资金运动的终点。（　　）
2. 资金的循环与周转是资金运动的起点。（　　）

第二节　资金筹集业务的账务处理

一、单项选择题
1. "短期借款"账户只反映借款的本金，因借款而发生的利息不在本账户反映，而应记入（　　）账户。
A. "长期借款——应计利息" B. "其他应付款"
C. "应付利息" D. "应收利息"
2. 当新投资者加入有限责任公司时，其出资额大于按约定比例计算的、在注册资本中所占的份额部分，应记入（　　）账户。
A. "实收资本" B. "营业外收入" C. "资本公积" D. "盈余公积"
3. 企业在筹建期间借入长期借款，应支付的长期借款利息记入（　　）账户进行核算。
A. "在建工程" B. "财务费用" C. "管理费用" D. "长期借款"
4. 企业举借长期借款时，如按期计提长期借款利息，不会涉及的账户是（　　）。
A. "管理费用" B. "在建工程" C. "财务费用" D. "长期借款——本金"
5. 下列通过"银行存款"账户核算的是（　　）。
A. 银行汇票存款 B. 信用卡存款
C. 存出投资款 D. 银行基本账户存款
6. （　　）是指企业收到投资者投入超出其在企业注册资本或股本中所占份额的投资。
A. 资本公积 B. 实收资本 C. 未分配利润 D. 盈余公积

二、多项选择题
1. 甲企业为股份制企业，下列各项资金来源中，属于企业所有者投入资本的有（　　）。

A. 长期借款　　　B. 股本　　　　　C. 资本公积　　　　D. 短期借款

2. 长期借款在计提利息时,可能借记的科目有(　　)。

A. "财务费用"　B. "在建工程"　C. "管理费用"　D. "应付利息"

3. 股份有限公司接受投资者投入资本,可能贷记的科目有(　　)。

A. "股本"　　B. "资本公积"　　C. "盈余公积"　　D. "营业外收入"

三、判断题

1. 所有者权益是企业投资者对企业全部财产的所有权。（　　）
2. 资本公积的形成与企业净利润有关。（　　）
3. 银行汇票存款、银行本票存款、信用证保证金存款、信用卡保证金存款、外埠存款和存出投资款应通过"其他货币资金"账户核算。（　　）
4. 资本公积指企业收到投资者投入的超出其在企业注册资本（或股本）中所占份额的投资,以及其他资本公积等。（　　）
5. 投资者对企业的投资,应当按照实际投入的金额全部记入"实收资本"或"股本"账户进行核算。（　　）
6. 短期借款的利息不可以预提,均应在实际支付时直接计入当期损益。（　　）
7. 短期借款的利息既可计入财务费用,又可计入管理费用。（　　）

第三节　固定资产业务的账务处理

一、单项选择题

1. 按照规定,企业固定资产的折旧方法一经确定不得随意变更,贯彻的会计信息质量要求是(　　)。

A. 实质重于形式　B. 谨慎性　　　C. 可比性　　　D. 重要性

2. 以经营租赁方式租出的固定资产,其应计提的折旧应记入(　　)账户。

A. "制造费用"　B. "其他业务成本"　C. "在建工程"　D. "管理费用"

二、多项选择题

1. 下列各项固定资产中,应当计提折旧的有(　　)。

A. 闲置的机器设备类固定资产

B. 处于更新改造过程停止使用的固定资产

C. 经营租出的固定资产

D. 已提足折旧仍继续使用的固定资产

2. 下列各项中,应当通过"固定资产清理"账户予以核算的有(　　)。

A. 固定资产报废　　　　　　B. 固定资产寿命终了

C. 固定资产出售　　　　　　D. 固定资产出租

3. 甲企业为增值税一般纳税人,本年7月购入不需要安装即可投入使用的生产设备1台,收到的增值税专用发票上注明的设备价款为60万元,增值税额为7.8万元,全部款项通过银行转账支付。下列有关会计处理中,正确的有( )。
   A. 借记"应交税费"科目 7.8 万元   B. 借记"固定资产"科目 67.8 万元
   C. 贷记"银行存款"科目 67.8 万元   D. 借记"固定资产"科目 60 万元

4. 甲公司因遭受意外火灾,毁损厂房 1 幢,厂房账面原价 2 000 000 元,已计提折旧 400 000 元,未计提减值准备。该厂房残料估计价值 100 000 元,残料已验收入库。清理过程中以银行存款支付清理费用 25 000 元。经保险公司核定应当赔偿其损失 50 000 元,赔款尚未收到。毁损仓库已清理完毕。甲公司正确的账务处理是( )。

   A. 借:固定资产清理   1 600 000
        累计折旧   400 000
        贷:固定资产   2 000 000
   B. 借:原材料   100 000
        其他应收款   50 000
        贷:固定资产清理   150 000
   C. 借:固定资产清理   25 000
        贷:银行存款   25 000
   D. 借:营业外支出   1 475 000
        贷:固定资产清理   1 475 000

5. 下列各项中,可以构成增值税一般纳税人企业固定资产入账价值的有( )。
   A. 购买设备的价款   B. 购买设备支付的增值税进项税额
   C. 设备装卸费   D. 设备安装费

三、判断题

1. 企业取得固定资产后,在使用过程中由于磨损体现了固定资产价值的减少,应在"固定资产"账户的贷方反映。   (   )
2. 固定资产是指为生产商品、提供服务、出租或者经营管理而持有的,使用寿命超过一个会计年度的有形资产。   (   )
3. "累计折旧"账户是"固定资产"账户的备抵账户,核算企业固定资产计提的累计折旧。   (   )

第四节 材料采购业务的账务处理

一、单项选择题

1. 在实际成本法下,材料验收入库时正确的账务处理是( )。
   A. 借:原材料
        应交税费——应交增值税(进项税额)
        贷:银行存款
   B. 借:在途物资
        应交税费——应交增值税(进项税额)

　　　　贷：银行存款
　　C. 借：原材料
　　　　贷：在途物资
　　D. 借：在途物资
　　　　贷：原材料
　2. 甲企业为增值税一般纳税人,本年7月购入一批材料,买价25 000元(不含增值税,取得增值税专用发票),另发生运杂费200元(含增值税,取得增值税普通发票),材料已入库,款项以银行存款支付。则原材料成本是( )元。
　　A. 25 000　　　B. 27 000　　　C. 25 200　　　D. 200
　3. 甲公司为增值税一般纳税人,本年1月从乙公司购入材料一批,增值税专用发票注明的价款为100 000元,增值税额13 000元,乙公司代垫运输费5 000元(不含增值税),则该批材料的采购成本为( )元。
　　A. 100 000　　B. 117 000　　C. 105 000　　D. 122 000
　4. 下列各项中,不通过"应交税费"账户进行核算的是( )。
　　A. 印花税　　　B. 增值税　　　C. 企业所得税　　D. 消费税
　5. 对于一般纳税人,相关进项税额应贷记"应交税费——应交增值税(进项税额转出)"科目的经济业务是( )。
　　A. 以自产产品对外投资　　　　B. 将自产产品对外捐赠
　　C. 将自产产品用于集体福利设施建设　　D. 外购原材料发生非正常损失
　6. 下列各项中,应当贷记"应付账款"科目的是( )。
　　A. 冲销无法支付的应付账款　　B. 赊购商品而发生的应付账款
　　C. 偿还应付账款　　　　　　　D. 确认当期应缴纳的所得税

二、多项选择题

　1. 企业原材料采用计划成本法核算时,在"材料采购"账户借方登记的内容有( )。
　　A. 购入材料的实际成本　　　　B. 购入材料的计划成本
　　C. 结转的超支差异　　　　　　D. 结转的节约差异
　2. 下列关于"材料成本差异"账户贷方核算内容的表述中,正确的有( )。
　　A. 入库材料形成的节约差异
　　B. 发出材料应负担的节约差异
　　C. 发出材料应负担的超支差异
　　D. 入库材料形成的超支差异

三、判断题

　1. 在"材料采购"账户,借方登记采购材料的实际成本,贷方登记结转入库材料的计划成本。实际成本与计划成本的差额应当结转至"材料成本差异"账户反映。(　)
　2. "应交税费"账户期末余额如在贷方,反映企业多缴或尚未抵扣的税费。(　)
　3. 为简化核算,对那些发票账单尚未到达的入库材料,月末可以暂时不进行会计处理,待收到发票账单时,再按实际价款进行会计处理。(　)

4. 材料的日常收发结存可以采用实际成本核算,也可以采用计划成本核算。（　　）

第五节　生产业务的账务处理

一、单项选择题

1. 下列（　　）部门领用材料时,可以直接记入"生产成本"账户。
   A. 车间维修　　B. 车间生产产品　　C. 行政部门　　D. 销售部门
2. 下列关于"生产成本"账户的表述中,错误的是（　　）。
   A. 基本生产成本应当分别按照基本生产车间和成本核算对象设置明细账
   B. "生产成本"账户期末贷方余额表示已验收入库的产成品以及库存的自制半成品,期末借方无余额
   C. "生产成本"账户可分为基本生产成本和辅助生产成本
   D. 企业管理部门和其他部门提供的服务和产品,在期末也应该按照一定的分配标准分配给各收益对象
3. 企业向职工发放工资,应借记的科目是（　　）。
   A. "管理费用"　　　　　　　　B. "其他应收款"
   C. "应付职工薪酬"　　　　　　D. "银行存款"
4. 企业计提生产车间管理人员的短期职工薪酬（属于间接费用）时,应记入（　　）账户。
   A. "管理费用"　　B. "制造费用"　　C. "生产成本"　　D. "库存商品"
5. 企业生产车间为生产产品发生的各项间接费用,可先通过"制造费用"账户归集,期末再按一定的标准和方法分配记入相关账户,应分配记入账户的是（　　）。
   A. "利润分配"　　B. "库存商品"　　C. "管理费用"　　D. "生产成本"
6. 采用月末一次加权平均法时,加权平均单位成本计算公式中的分子是（　　）。
   A. 月初库存存货实际成本＋本月购入存货实际成本
   B. 月初库存存货计划成本＋本月购入存货计划成本
   C. 月初库存存货实际成本＋本月购入存货计划成本
   D. 月初库存存货计划成本＋本月购入存货实际成本

二、多项选择题

1. 下列各项职工薪酬中,最终计入相关资产成本的有（　　）。
   A. 产品生产工人的工资
   B. 车间管理人员的工资
   C. 企业行政管理人员的工资
   D. 在建工程人员的工资
2. 下列账户中,与"生产成本"账户借方发生对应关系的有（　　）。
   A. "应付职工薪酬"　　　　　　B. "原材料"
   C. "销售费用"　　　　　　　　D. "制造费用"

3. 下列各项中,属于制造费用的有( )。
   A. 车间生产设备折旧　　　　　　B. 产品销售人员薪酬
   C. 车间管理人员薪酬　　　　　　D. 企业总部行政管理人员薪酬
4. 下列各项中,应确认为应付职工薪酬的有( )。
   A. 支付临时工的工资　　　　　　B. 发放给困难职工的补助金
   C. 缴纳职工的工伤保险费　　　　D. 支付辞退职工的经济补偿金
5. 下列各项中,应当作为职工薪酬核算的内容有( )。
   A. 对困难职工的补助　　　　　　B. 工会经费
   C. 辞退福利　　　　　　　　　　D. 职工教育经费
6. 下列关于"库存商品"账户的表述中,正确的有( )。
   A. 贷方登记发出的库存商品成本
   B. 期末借方余额反映库存商品的实际成本或计划成本
   C. 期末借方余额反映已销售商品成本
   D. 借方登记验收入库的库存商品成本

三、判断题

1. 采用先进先出法,在物价上涨或下跌时,期末库存存货的成本会比较接近现行市价,能较真实地反映企业期末拥有存货的实际价值。　　　　　　　　　　　　　　( )
2. 企业为职工缴纳的基本养老保险金、补充养老保险费以及为职工购买的商业养老保险,均不属于企业提供的职工薪酬。　　　　　　　　　　　　　　　　　　　　( )

第六节　销售业务的账务处理

一、单项选择题

1. ( )用来核算企业已收或应收客户对价而应向客户转让商品的义务。
   A. 合同资产　　B. 合同负债
   C. 合同取得成本　D. 合同履约成本
2. 企业收到购货方支付的前欠货款并存入银行,下列会计分录中,正确的是( )。
   A. 借：应付账款　　　　　　　　B. 借：银行存款
   　　贷：银行存款　　　　　　　　　　贷：应付账款
   C. 借：银行存款　　　　　　　　D. 借：应收账款
   　　贷：应收账款　　　　　　　　　　贷：银行存款

二、多项选择题

1. 下列关于"应收账款"账户的表述中,正确的有( )。
   A. 贷方余额反映企业的预收账款
   B. 贷方登记应收账款的收回、确认的坏账损失
   C. 借方余额反映企业尚未收回的应收账款

D. 借方登记因赊销商品等发生的应收账款

2. 下列各项中,工业企业应确认为其他业务成本的有(   )。

A. 销售材料的成本

B. 出售商品的成本

C. 以经营租赁方式出租设备计提的折旧额

D. 出租包装物的成本

3. 下列各项中,不通过"应收票据"账户核算的有(   )。

A. 银行汇票存款   B. 支票   C. 商业汇票   D. 银行本票存款

4. 下列各项中,企业应计入营业收入的有(   )。

A. 盘盈利得   B. 包装物租金收入

C. 商品销售收入   D. 利息支出

三、判断题

1. 企业在销售收入确认之后发生销售折让的,应在实际发生时通过"财务费用"账户进行核算。   (   )

2. "预收账款"账户属于负债类账户。   (   )

3. 企业应当在履行了合同中的履约义务,即在客户取得相关商品控制权时确认收入。
                                                                (   )

4. 当"预收账款"账户出现借方余额时,应作为企业的资产进行核算。   (   )

第七节　期间费用的账务处理

一、单项选择题

1. 我们把不能对象化而应直接计入当期损益的费用称为(   )。

A. 期间费用   B. 制造费用

C. 生产成本   D. 主营业务成本

2. 下列各项中,应计入管理费用的是(   )。

A. 预计产品质量保证损失

B. 聘请中介机构年报审计费

C. 专设售后服务网点的职工薪酬

D. 企业负担的生产车间职工的养老保险费

二、多项选择题

1. 下列各项中,应通过"销售费用"账户核算的有(   )。

A. 产品的广告费   B. 销售机构员工的工资及福利

C. 销售机构固定资产折旧费 D. 业务招待费

2. 期间费用包括(   )。

A. 管理费用   B. 销售费用

C. 制造费用　　　　　　　　　D. 财务费用

3. 下列各项支出中,可以作为期间费用核算的有(　　)。

A. 缴纳的税收滞纳金

B. 购入办公用品

C. 支付司机因公出车时违章罚款

D. 发生汇兑损失

三、判断题

1. 预计产品质量保证损失计入销售费用。（　　）
2. 为购建或生产满足资本化条件的资产发生的应予资本化的借款费用,通过"财务费用"账户核算。（　　）

第八节　利润形成与分配业务的账务处理

一、单项选择题

1. 下列各项中,只影响利润总额不影响营业利润的是(　　)。

A. 营业收入　　　B. 营业成本　　　C. 营业外收入　　　D. 税金及附加

2. 甲公司年初累计亏损10万元,当年实现净利润50万元,则提取法定盈余公积金的基数为(　　)万元。

A. 40　　　　　B. 45　　　　　C. 50　　　　　D. 60

3. 甲企业"未分配利润"账户的年初贷方余额为30万元,当年实现净利润70万元,当年甲企业应当提取的法定盈余公积为(　　)万元。

A. 3　　　　　B. 4　　　　　C. 7　　　　　D. 10

4. 公司制企业提取的法定盈余公积累计额超过(　　)的50%时,可以不再提取。

A. 未分配利润　　　　　　　　B. 任意盈余公积

C. 资本公积　　　　　　　　　D. 注册资本

二、多项选择题

1. 下列各项中,属于营业外收入的有(　　)。

A. 与企业日常活动无关的政府补助　　B. 银行存款利息收入

C. 非流动资产毁损报废收益　　　　　D. 出售原材料取得的收入

2. 下列与"利润分配"账户借方发生对应关系的有(　　)。

A. 所得税费用　　　　　　　　B. 本年利润

C. 盈余公积　　　　　　　　　D. 应付股利

3. 下列关于利润分配的表述中,正确的有(　　)。

A. 首先计算可供分配利润

B. 如果可供分配利润为正数,才能进行后续的分配

C. 提取法定盈余公积后,经股东会或者股东大会决议,可提取任意盈余公积

D. 提取法定盈余公积和任意盈余公积后,可向投资者分配利润

三、判断题

1. 年度终了,除了"利润分配"账户下的"未分配利润"明细账户,"利润分配"账户下的其他明细账户应当无余额。（　　）

2. 企业期末结转利润时,应将各损益类账户金额转入"本年利润"账户,结平各损益类账户。（　　）

3. 如果企业出现本年亏损,将"本年利润"账户的借方余额转入"利润分配——未分配利润"账户后,"利润分配——未分配利润"账户一定为借方余额。（　　）

【本章习题必练】

一、单项选择题

1. 下列各项中,应当借记"应收账款"科目的是（　　）。
   A. 计提坏账准备　　　　　　　　B. 收回应收账款
   C. 因赊销商品而增加应收账款　　D. 确认实际发生的坏账损失

2. 下列关于"实收资本"账户的表述中,不正确的是（　　）。
   A. 属于所有者权益的账户　　　　B. 借方登记按规定减少的资本
   C. 贷方登记投资者投入的资本　　D. 期末无余额

3. 甲公司计提本年 3 月车间管理人员工资,对该项经济业务进行账务处理时,应记入的借方科目是（　　）。
   A. "生产成本"　B. "财务费用"　C. "管理费用"　D. "制造费用"

4. 甲企业本期销售商品成本为 200 万元,罚款支出 24 万元,发生管理费用 10 万元,销售费用 20 万元,则甲企业本期应确认的期间费用为（　　）万元。
   A. 54　　　　　B. 30　　　　　C. 254　　　　　D. 230

5. 下列各项中,会引起所有者权益总额发生增减变动的是（　　）。
   A. 宣告发放股票股利　　　　　　B. 资本公积转增资本
   C. 盈余公积转增资本　　　　　　D. 接受投资者追加投资

6. 实际成本法下"原材料"账户借方登记的是（　　）。
   A. 验收入库的原材料的实际成本　B. 完工入库的产品的实际成本
   C. 发出原材料的实际成本　　　　D. 预付的货款

7. 甲企业对发出的存货采用月末一次加权平均法计价,本月初甲材料的数量为 40 吨,单价为 6 200 元/吨,本月一次购入甲材料 60 吨,单价为 6 000 元/吨,则本月发出存货的单价为（　　）元/吨。
   A. 6 120　　　B. 6 080　　　C. 6 200　　　D. 6 100

8. 一般的生产型企业,外购存货途中的合理损耗应计入（　　）。
   A. 采购成本　　　　　　　　　　B. 管理费用
   C. 由运输单位赔偿　　　　　　　D. 销售费用

9. 下列计价方法在物价持续上涨时,期末存货价值最大的是（　　）。

A. 先进先出法 B. 个别计价法
C. 移动加权平均法 D. 月末一次加权平均法

10. 企业将其基本生产车间的一台大型机器设备以经营租赁方式出租给他人使用，对该设备计提折旧时应借记的科目是(   )。
    A. "生产成本"　　B. "制造费用"　　C. "其他业务成本"　　D. "累计折旧"

11. 甲企业采用计划成本法核算发出存货，A材料的计划成本为1 000元/吨，本月发出A材料100吨，本月材料成本差异率为－2％，则本月发出甲材料应负担的材料成本差异为(   )元。
    A. 1 000　　　　B. 2 000　　　　C. －1 000　　　　D. －2 000

12. 下列项目中，通过"固定资产清理"账户贷方核算的是(   )。
    A. 转入清理的固定资产的净值　　B. 发生的清理费用
    C. 结转的固定资产清理净损失　　D. 结转的固定资产清理净收益

13. "利润分配"账户的年末借方余额表示(   )。
    A. 本期实现的净利润　　B. 本期发生的净亏损
    C. 企业的未分配利润　　D. 累计尚未弥补的亏损

14. 以生产和销售商品为主要业务的企业，销售商品产生的收入应记入的账户是(   )。
    A. "主营业务收入"　　B. "其他业务收入"
    C. "营业外收入"　　　D. "投资收益"

15. 接受投资者投入固定资产的成本，应当按照(   )。
    A. 同类或类似固定资产的市场价格确定
    B. 同类或类似固定资产的市场价格减去按该项资产的新旧程度估计的价值损耗后的余额确定
    C. 建造该项固定资产达到预定可使用状态前所发生的必要支出确定
    D. 投资合同或协议约定的价值确定，但合同或协议约定价值不公允的除外

16. 下列各项中，应在"应付职工薪酬"账户贷方登记的是(   )。
    A. 本月实际支付的职工薪酬数额　　B. 本月计算的应付给职工的薪酬总额
    C. 本月结转的代扣款项　　　　　　D. 企业期末应付而未付的职工薪酬

17. 甲工业企业管理部门购入小汽车1辆，取得的增值税专用发票中注明价款150 000元，增值税额19 500元，款项已付。该企业应编制的会计分录为(   )。

    A. 借：库存商品　　　　　　　　　　　　　　　　　　　　150 000
    　　　应交税费——应交增值税(进项税额)　　　　　　　　 19 500
    　　贷：银行存款　　　　　　　　　　　　　　　　　　　　169 500

    B. 借：固定资产　　　　　　　　　　　　　　　　　　　　150 000
    　　　应交税费——应交增值税(进项税额)　　　　　　　　 19 500
    　　贷：银行存款　　　　　　　　　　　　　　　　　　　　169 500

    C. 借：材料采购　　　　　　　　　　　　　　　　　　　　150 000
    　　　应交税费——应交增值税(进项税额)　　　　　　　　 19 500
    　　贷：银行存款　　　　　　　　　　　　　　　　　　　　169 500

45

D. 借：固定资产　　　　　　　　　　　　　　　　169 500
　　贷：银行存款　　　　　　　　　　　　　　　　　　169 500

18. 下列关于"本年利润"账户期末借方余额的表述中，正确的是(　　)。
A. 费用总额　　　　　　　　　　B. 本年累计取得的利润总额
C. 本年累计产生的亏损总额　　　D. 收入总额

19. 关于固定资产，应当按月计提折旧的是(　　)。
A. 已提足折旧仍继续使用的固定资产
B. 提前报废的固定资产
C. 租入(短期租赁和低价值资产租赁除外)的固定资产
D. 以短期租赁和低价值资产租赁方式租入的固定资产

20. 企业开出并承兑的商业汇票到期无力支付时，正确的会计处理是将该"应付票据"(　　)。
A. 转作"短期借款"　　　　　　　B. 转作"其他应付款"
C. 转作"应付账款"　　　　　　　D. 仅作备查登记

21. 固定资产发生改扩建，应该将固定资产账面价值结转到(　　)账户。
A. "固定资产清理"　　　　　　　B. "工程物资"
C. "在建工程"　　　　　　　　　D. "累计折旧"

22. 固定资产达到预定可使用状态后发生的长期借款利息支出，应记入(　　)账户核算。
A. "制造费用"　　　　　　　　　B. "财务费用"
C. "在建工程"　　　　　　　　　D. "固定资产"

23. 增值税一般纳税人企业销售商品时，从购货方手中已收或者应收的增值税额通过(　　)账户进行核算。
A. "应交税费——应交增值税(销项税额)"
B. "应交税费——应交增值税(进项税额)"
C. "应交税费——应交增值税(已交税金)"
D. "应交税费——应交增值税(进项税额转出)"

24. 预付账款不多的企业，可以不设"预付账款"账户，而将预付的款项记入(　　)。
A. "应付账款"账户的借方　　　　B. "应付账款"账户的贷方
C. "应收账款"账户的借方　　　　D. "应收账款"账户的贷方

25. 甲企业行政部职工王某出差回来，报销差旅费2 300元(原向财务部预借2 500元)，经审核无误，交回剩余库存现金200元，应编制的会计分录为(　　)。
A. 借：销售费用　　　　　　　　　　　　　　　　　2 300
　　　库存现金　　　　　　　　　　　　　　　　　　 200
　　　贷：其他应收款——王某　　　　　　　　　　　　2 500
B. 借：销售费用　　　　　　　　　　　　　　　　　2 300
　　　库存现金　　　　　　　　　　　　　　　　　　 200
　　　贷：应收账款——王某　　　　　　　　　　　　　2 500
C. 借：管理费用　　　　　　　　　　　　　　　　　2 300

　　　　库存现金　　　　　　　　　　　　　　　　　　　　　　200
　　　　　贷：其他应收款——王某　　　　　　　　　　　　　　　2 500
　　D. 借：管理费用　　　　　　　　　　　　　　　　　　　2 300
　　　　库存现金　　　　　　　　　　　　　　　　　　　　　　200
　　　　　贷：应收账款——王某　　　　　　　　　　　　　　　　2 500

26. 长期借款和短期借款核算都可能涉及的账户是（　　）。
　　A. "预提费用"　　B. "长期借款"　　C. "财务费用"　　D. "短期借款"

27. 股份有限公司采用溢价发行股票方式筹集资本，其"股本"账户所登记的金额是（　　）。
　　A. 股票面值总额　　　　　　　　　B. 实际收到的款项
　　C. 实际收到款项加上应付证券商的费用　　D. 实际收到款项减去应付证券商的费用

28. 下列各项中，属于工业企业主营业务收入的是（　　）。
　　A. 经营性出租固定资产取得的收入　　B. 出售固定资产取得的净收益
　　C. 转让无形资产使用权取得的收入　　D. 销售货物收入

29. 下列各项中，不通过"管理费用"账户核算的是（　　）。
　　A. 工会经费　　B. 业务招待费　　C. 广告费　　D. 董事会费

30. 甲企业出售厂房，取得净收入10万元，按照相关规定，这笔收入应当计入（　　）。
　　A. 主营业务收入　　　　　　　　　B. 其他业务收入
　　C. 营业外收入　　　　　　　　　　D. 资产处置损益

31. 甲企业税前会计利润为1 000万元，业务招待费超标40万元，企业所得税税率25%，则甲企业应交企业所得税为（　　）万元。
　　A. 250　　　　B. 260　　　　C. 240　　　　D. 255

32. 车间管理人员工资分配时，应记入（　　）账户核算。
　　A. "管理费用"　　B. "制造费用"　　C. "生产成本"　　D. "库存商品"

33. 若取得增值税专用发票，则下列各项中，不构成一般纳税人外购材料入账价值的是（　　）。
　　A. 买价　　　　　　　　　　　　　B. 运输费
　　C. 运输途中的合理损耗　　　　　　D. 增值税进项税额

34. 下列各项中，不属于收入范围的是（　　）。
　　A. 商品销售收入　　　　　　　　　B. 销售材料取得的收入
　　C. 租金收入　　　　　　　　　　　D. 代收款项

35. 企业购进货物采用实际成本法进行核算时，无论是否验收入库，都不会涉及的账户是（　　）。
　　A. "原材料"　　B. "在途物资"　　C. "材料采购"　　D. "库存商品"

36. 下列固定资产折旧方法中，在计算第一年折旧额时不需要考虑固定资产净残值的方法是（　　）。
　　A. 工作量法　　　　　　　　　　　B. 年限法平均
　　C. 双倍余额递减法　　　　　　　　D. 年数总和法

37. 甲企业年初"未分配利润"账户贷方余额为200万元，本年净利润为2 000万元，按

10%计提法定盈余公积,按5%计提任意盈余公积,宣告发放现金股利为160万元,该企业年末未分配利润为(　　)万元。

  A. 1 710   B. 1 734   C. 1 740   D. 1 748

38. 长期借款计提利息时,贷方可能记入(　　)科目。

  A. "财务费用"   B. "银行存款"

  C. "其他应付款"   D. "应付利息"

39. 下列各项经济活动中,能够确认为企业收入的是(　　)。

  A. 收回保险公司赔偿款

  B. 捐赠利得(企业接受股东或股东的子公司直接或间接的捐赠,经济实质属于股东对企业的资本性投入的除外)

  C. 企业出售多余材料

  D. 收到增值税销项税额

40. 企业按月计提银行借款利息时,应贷记(　　)科目。

  A. "应付利息"   B. "预提费用"   C. "财务费用"   D. "管理费用"

41. 下列关于制造费用账户的说法中,不正确的是(　　)。

  A. 本账户的借方归集生产过程中发生的各项间接费用

  B. 分配给某个产品的制造费用从本账户贷方转出

  C. 本账户期末一定无余额

  D. 本账户可以按不同的车间、部门设置和费用项目明细账

42. 已经确认收入的销售商品发生销售折让时,应该(　　)。

  A. 计入当期的财务费用   B. 冲减主营业务收入

  C. 冲减其他业务收入   D. 计入其他业务支出

二、多项选择题

1. 下列关于"本年利润"账户的表述中,正确的有(　　)。

  A. 借方登记期末转入的各项费用

  B. 贷方登记期末转入的各项收入

  C. 借方余额为本年发生的净亏损

  D. 贷方余额为本年实现的净利润

2. 发出存货按照先进先出法计价,其特点包括(　　)。

  A. 物价上涨时发出存货的成本比较接近其市场价值

  B. 物价上涨时避免虚增利润

  C. 物价上涨发出存货的成本与其市场价值差异较大

  D. 期末存货成本比较接近市场价值

3. 企业预付货款采购物资,下列业务中,应当借记"预付账款"科目的有(　　)。

  A. 收到所购物资确认物资成本   B. 向供应单位预付款项

  C. 收回多付的货款   D. 补付预付不足的货款

4. 工业企业结转发出材料成本时,下列会计分录中,正确的有(　　)。

  A. 属于对外销售材料的,借记"其他业务成本"科目,贷记"原材料"科目

B. 属于生产车间生产产品领用材料的,借记"生产成本"科目,贷记"原材料"科目
C. 属于车间管理部门领用材料的,借记"制造费用"科目,贷记"原材料"科目
D. 属于公司总部行政管理部门领用材料的,借记"管理费用"科目,贷记"原材料"科目

5. 企业结转生产完工、验收入库产品的生产成本时,编制会计分录可能涉及的账户有( )。

　　A. "主营业务成本"　　　　　　　　B. "库存商品"
　　C. "制造费用"　　　　　　　　　　D. "生产成本"

6. 下列各项中,属于"资本公积"明细账户的有( )。

　　A. 资本溢价　　　　　　　　　　　B. 外币资本折算差额
　　C. 股本溢价　　　　　　　　　　　D. 其他资本公积

7. 下列关于"应收账款"账户的表述中,正确的有( )。

　　A. 贷方余额反映企业预收的款项
　　B. 借方登记因赊销商品等应收账款的增加
　　C. 借方余额反映企业尚未收回的应收账款
　　D. 贷方登记应收账款的收回及确认的坏账损失

8. 下列各项中,工业企业通常通过"其他业务收入"账户核算的有( )。

　　A. 商品销售收入　　　　　　　　　B. 固定资产出租收入
　　C. 原材料销售收入　　　　　　　　D. 无形资产使用费收入

9. 下列各项中,年末应无余额的账户有( )。

　　A. "管理费用"　　B. "所得税费用"　　C. "本年利润"　　D. "长期待摊费用"

10. 下列各项中,属于外购存货成本的有( )。

　　A. 运杂费　　　　　　　　　　　　B. 入库前的挑选整理费
　　C. 运输途中的合理损耗　　　　　　D. 入库后的保管费用

11. 下列各项中,应当借记"应付账款"科目的有( )。

　　A. 偿还应付账款　　　　　　　　　B. 冲销无法支付的应付账款
　　C. 赊购商品而发生的应付账款　　　D. 支付职工工资

12. 下列各项中,属于企业存货的有( )。

　　A. 生产用原材料　　　　　　　　　B. 包装材料
　　C. 自制半成品　　　　　　　　　　D. 国外进口的商品

13. 应在"材料成本差异"科目贷方登记的有( )。

　　A. 入库材料实际成本小于计划成本的节约差异
　　B. 入库材料实际成本大于计划成本的超支差异
　　C. 月末分配转出的发出材料应负担的超支差异
　　D. 月末分配转出的发出材料应负担的节约差异

14. 下列会计处理中,反映企业资金筹集业务的有( )。

　　A. 借记"银行存款"科目,贷记"实收资本"科目
　　B. 借记"固定资产"科目,贷记"银行存款"科目
　　C. 借记"银行存款"科目,贷记"主营业务收入"科目
　　D. 借记"银行存款"科目,贷记"长期借款"科目

15. 下列关于按计划成本进行存货核算的说法中,正确的有(　　)。
    A. 发出材料的实际成本等于发出材料的计划成本加上(或减去)应分摊的材料成本差异
    B. 发出材料应该负担的成本差异等于发出材料的计划成本乘以材料成本差异率
    C. "材料成本差异"账户的余额方向不固定
    D. "材料采购"账户借方余额为超支差异

16. 能使企业以折旧的方式在较短的时间内收回大部分固定资产投资的折旧方法有(　　)。
    A. 工作量法　　　B. 年限平均法　　　C. 年数总和法　　　D. 双倍余额递减法

17. 下列各项中,不能作为企业收入处理的有(　　)。
    A. 企业代收的增值税　　　　　　B. 企业代收的消费税
    C. 旅行社代客户购买机票收取的票款　　　D. 提供服务收入

18. 企业对固定资产清理进行核算时,可能涉及的账户有(　　)。
    A. "累计折旧"　　B. "固定资产"　　C. "营业外收入"　　D. "营业外支出"

19. 所有者权益类"利润分配"账户下的明细账户,年末不可能出现借方余额的账户有(　　)。
    A. "提取法定盈余"　　　　　　B. "应付股利"
    C. "未分配利润"　　　　　　　D. "提取任意盈余"

20. 下列关于"应付账款"的说法中,正确的有(　　)。
    A. "应付账款"账户核算购买商品接受服务等应支付的款项
    B. "应付账款"账户应该按照供应单位设置明细账户
    C. "应付账款"账户的余额一般在贷方
    D. "应付账款"账户的借方余额表示尚未偿还的款项

21. 下列各项中,应通过"应付票据"账户核算的有(　　)。
    A. 银行汇票存款　　　　　　B. 银行承兑汇票
    C. 商业承兑汇票　　　　　　D. 银行本票存款

22. 下列各项中,应从企业应付职工薪酬中列支的有(　　)。
    A. 职工张某报销医药费 3 000 元
    B. 支付职工食堂人员工资 20 000 元
    C. 春节期间发放职工生活困难补助费 100 000 元
    D. 支付给职工的工资 200 000 元

23. 对购建固定资产而专门借入的款项,所发生的利息可以计入(　　)。
    A. 固定资产成本　　B. 财务费用　　C. 销售费用　　D. 制造费用

24. 下列说法中,正确的有(　　)。
    A. 固定资产提足折旧之后,无论能否继续使用,均不再提取折旧
    B. 提前报废的固定资产,也不再补提折旧
    C. 行政管理部门固定资产的维修费用应该计入管理费用
    D. 对于盘亏或毁损的固定资产的净损失计入当期营业外支出

25. 下列各项中,属于其他业务收入的有(　　)。

A. 固定资产出售净收益　　　　　B. 无形资产出租收入
C. 包装物出租收入　　　　　　　D. 材料销售收入

26. 在固定资产报废会计处理中,最终的净损益应作为( )处理。
   A. 资本公积　　　　　　　　　B. 营业外收入
   C. 其他业务收入　　　　　　　D. 营业外支出

27. 下列各项中,不会引起留存收益变动的有( )。
   A. 盈余公积补亏　　　　　　　B. 计提法定盈余公积
   C. 盈余公积转增资本　　　　　D. 计提任意盈余公积

28. 工业企业在经营活动中,需要在"销售费用"账户中核算的有( )。
   A. 广告费　　　　　　　　　　B. 展览费
   C. 专设销售机构的人员工资　　D. 专设销售机构的房屋租金

29. 下列各项中,应计入企业产品成本的有( )。
   A. 生产工人的工资　　　　　　B. 车间管理人员的工资
   C. 企业行政管理人员的工资　　D. 在建工程人员的工资

30. 留存收益包括( )。
   A. 法定盈余公积　　B. 资本公积　　C. 任意盈余公积　　D. 未分配利润

31. 所有者权益由( )构成。
   A. 实收资本　　　B. 资本公积　　　C. 盈余公积　　　D. 未分配利润

32. 下列关于固定资产折旧的表述中,正确的有( )。
   A. 当月增加的固定资产从下月开始计提折旧
   B. 当月报废的固定资产当月照提折旧
   C. 固定资产提足折旧后不论能否使用均不提折旧
   D. 只要是没有产权的固定资产均不提折旧

33. 下列各项中,能导致企业实收资本增加但不改变所有者权益的业务有( )。
   A. 以资本公积转增资本　　　　B. 以盈余公积转增资本
   C. 以盈余公积弥补亏损　　　　D. 以盈余公积分配现金股利

34. 下列关于生产成本结转的表述中,正确的有( )。
   A. 月末产品全部完工,则生产成本明细账归集的费用总额即完工产品总成本
   B. 月末产品全部未完工,则生产成本明细账归集的费用总额即在产品总成本
   C. 月末产品部分未完工,则应视同完工,全部作为完工产品成本
   D. 月末产品部分未完工,应采取适当的分配方法在完工产品和在产品之间进行分配

35. 应收账款的入账价值包括( )。
   A. 增值税销项税额　　　　　　B. 增值税进项税额
   C. 代购货方垫付的包装费　　　D. 代购货方垫付的运杂费

三、判断题

1. 企业签发银行承兑汇票采购商品,票据到期后付款方无力偿还。应当按照票据的面值,借记"应付票据"科目,贷记"应付账款"科目。　　　　　　　　　　　　( )

2. "主营业务成本"账户用来核算企业主要经营业务而发生的实际成本,借方登记本期

发生的销售成本,贷方登记销货退回、销售折让和期末结转"本年利润"账户的本期销售成本,结转之后无余额。（　　）

3. 投资者投入固定资产的入账价值,应当按照投资合同或协议约定的价值确定,但合同或协议约定价值不公允的除外。（　　）

4. 企业的应付职工薪酬都应计入产品生产成本中。（　　）

5. 在计划成本法下,企业已支付货款,但尚在运输中或尚未验收入库的材料,应通过"在途物资"账户来核算。（　　）

6. 工业企业出售无形资产和出租无形资产取得的收益,均应作为其他业务收入。（　　）

7. 材料采用实际成本核算时使用的账户有"原材料""材料采购"和"材料成本差异"等。（　　）

8. 企业收到投资者出资额超过其在注册资本中所占份额的部分,应当计入盈余公积。（　　）

9. 处于更新改造过程停止使用的固定资产,仍需计提折旧。（　　）

10. 仅生产一种产品的生产车间,为生产该产品而发生的各项间接费用,可以直接计入产品成本。（　　）

11. 固定资产的后续支出有可能资本化,也有可能费用化。（　　）

12. 在物价上涨时,采用月末一次加权平均法可能会使发出存货成本偏低。（　　）

13. 收入一定表现为企业资产的增加。（　　）

14. 现金折扣是指销货企业为了鼓励客户多购买商品而在商品标价上给予的扣除。（　　）

15. 公司制企业每年都应该按照净利润（减弥补以前年度亏损）的10%提取法定盈余公积。（　　）

16. 月末结转利润后,"本年利润"账户如为贷方余额,反映自年初至本月末累计实现的盈利。（　　）

17. 资本公积和盈余公积都与利润有关。（　　）

18. 在存货的发出计价方法中,企业可以只选择其中的一种来计价,不能同时选择其他的方法。（　　）

19. 现金折扣是指企业因售出产品质量不合格等原因而在售价上给予的减让。（　　）

20. 企业在提取法定盈余公积金前不得向投资者分配利润。（　　）

21. 当"利润分配——未分配利润"账户为贷方余额时,企业一般应当按当年净利润的10%提取法定盈余公积。（　　）

22. 发出存货的计价方法中有计划成本法。（　　）

23. 未分配利润与法定盈余公积相比,企业在使用上有较大的自主权,受法律限制较少。（　　）

四、计算分析题

1. 本年5月1日,甲公司收到一批订单,要求在本月底之前生产完成甲产品一批;A公司如期完成任务,产品已于5月31日入库。假定生产车间本月仅生产了甲产品。发生的有关业务资料如下:

(1) 领用某种材料 3 000 千克,该材料单价 200 元。
(2) 生产甲产品发生的直接生产人员为 4 000 小时,每工时的标准工资为 20 元;车间管理人员工资 16 000 元,分配生产人员和车间管理人员工资费用。
(3) 计提生产车间固定资产折旧 8 000 元。
(4) 结转发生的制造费用。
(5) 甲产品完工入库,结转生产成本。
要求:逐笔编制甲公司上述交易或事项的会计分录。

2. A 公司为增值税一般纳税人。20×8 年 1 月 1 日,A 公司从银行借入资金 5 400 000 元,借款期限为 2 年,年利率为 7%(每年年末付息一次,不计复利,到期还本),所借款项已存入银行。

20×8 年 1 月 20 日,A 公司用该借款购买不需要安装的生产设备 1 台,价款 4 000 000 元,增值税额为 520 000 元,设备于当日投入使用。该设备采用年限平均法计提折旧,预计可使用 10 年,预计报废时的净残值为 100 000 元。

要求:
(1) 编制 A 公司 20×8 年 1 月借入长期借款的会计分录。
(2) 编制 A 公司 20×8 年 1 月购入生产设备的会计分录。
(3) 编制 A 公司 20×8 年按月计提长期借款利息以及 20×8 年年末支付利息的会计分录。
(4) 编制 A 公司 20×8 年按月计提固定资产折旧的会计分录。
(5) 计算 A 公司 20×8 年 12 月 31 日固定资产账面价值。

3. A 企业为增值税一般纳税人,采用计划成本法进行材料日常核算,本年 1～2 月发生如下经济业务事项:

(1) 1 月 2 日,采用商业承兑汇票方式购入甲材料一批,增值税专用发票上记载的货款为 250 000 元,增值税额 32 500 元,发票账单已收到,计划成本为 260 000 元,材料已经验收入库。

(2) 1 月 5 日,用银行汇票购入乙材料一批,增值税专用发票上记载的货款为 100 000 元,增值税额 13 000 元,发票账单已收到,计划成本为 90 000 元,材料尚未入库。

(3) 1 月 10 日,在本月 5 日采购的材料送达并验收入库。

(4) 1 月 31 日,在 28 日购入丙材料一批已验收入库,但发票账单未到,按照计划成本 300 000 元估价入账。

(5) 2 月 1 日,对上月末暂估入账的材料冲回。

要求:逐笔编制 A 企业上述交易或者事项的会计分录。

4. 甲企业根据工资结算汇总表列示,当月应付职工薪酬总额为 340 000 元,扣除企业已为职工代垫的医药费 1 000 元和受房管部门委托代扣的职工房租 13 000 元,实发工资总额为 326 000 元,并以银行存款支付给职工。上述工资总额中,根据工资费用分配表列示产品生产人员工资为 285 000 元,车间管理人员工资为 25 000 元,企业行政管理人员工资为 30 000 元。

要求:
(1) 编制发放工资的会计分录。

(2) 编制代扣款项的会计分录。
(3) 编制将有关工资费用结转至生产成本的会计分录。
(4) 编制将有关工资费用结转至制造费用的会计分录。
(5) 编制将有关工资费用结转至管理费用的会计分录。

5. 甲公司为增值税一般纳税人，其存货采用实际成本法进行管理，销售产品适用的增值税税率为13%，本年5月发生以下经济业务：

(1) 1日，向乙公司购入原材料一批，取得的增值税专用发票上注明价款20 000元，增值税额2 600元。材料已经验收入库，款项尚未支付。

(2) 4日，销售甲产品500件，每件售价200元(不含增值税)，成本每件120元，商品已经发出，当即结转成本。货款已经收存银行。

(3) 5日，与丙公司签订供货合同，合同规定供货金额226 000元(含增值税)，丙公司通过银行先预付全部款项(含增值税)的60%，余额在货物验收后付清，甲公司当即发货。

(4) 10日，收到丙公司通过银行转账的40%余款。

(5) 31日，接供电部门通知，本月需支付电费60 000元，其中，生产车间电费50 000元，行政管理部门电费10 000元，当即通过银行转账支付。

要求：根据上述资料编制会计分录。

6. 甲公司本年7月发生如下业务：

(1) 收回应收账款80 000元存入银行。
(2) 用银行存款偿还短期借款60 000元。
(3) 收到投资人追加投资100 000元，并存入银行(假定全部为实收资本)。
(4) 购入原材料，取得的增值税专用发票上记载的价款为80 000元，税额为10 400元，材料已验收入库，货款尚未支付。

要求：根据以上业务编制会计分录。

7. 甲企业本月主营业务收入为750 000元，其他业务收入为7 500元，营业外收入为50 000元，资产减值损失为30 000元，主营业务成本为375 000元，其他业务成本为5 000元，税金及附加为15 000元，营业外支出为40 000元，管理费用为20 000元，销售费用为15 000元，财务费用为7 500元，所得税费用为7 500元。

要求：根据上述资料完成第(1)～(3)题。

(1) 甲企业本月营业利润为(　　)元。
A. 225 000　　　B. 290 000　　　C. 300 000　　　D. 355 000

(2) 甲企业本月利润总额为(　　)元。
A. 225 000　　　B. 290 000　　　C. 300 000　　　D. 355 000

(3) 甲企业本月净利润为(　　)元。
A. 225 000　　　B. 290 000　　　C. 300 000　　　D. 355 000

8. 本年7月1日，A公司库存甲材料实际成本为200 000元。本年7月3日，A公司购入甲材料一批，取得的增值税专用发票上注明价款为800 000元，增值税额为104 000元。材料已运到并验收入库，款项尚未支付。本年7月10日，A公司以银行存款支付上述款项。根据A公司发料凭证汇总表的记录，本年7月，生产车间生产产品直接领用甲材料440 000元，车间管理部门领用甲材料60 000元，企业行政管理部门领用甲材料

40 000元。此外,A公司于本年7月25日对外销售甲材料,开具的增值税专用发票上注明的售价为40 000元,增值税额为5 200元,款项已由银行收讫。该批甲材料的实际成本为34 000元。

要求:

(1) 编制A公司赊购甲材料的会计分录。

(2) 编制A公司支付货款的会计分录。

(3) 编制A公司内部领用甲材料的会计分录。

(4) 编制A公司对外销售甲材料的会计分录。

(5) 计算A公司本年7月月末结存甲材料实际成本。

9. 甲公司于本年1月1日向银行借入一笔生产经营用短期借款,共计1 200 000元,期限为9个月,年利率为5%。根据与银行签署的借款协议,该项借款的本金到期后一次归还;利息分月预提,按季支付。

要求:

(1) 编制甲公司借入短期借款的会计分录。

(2) 计算甲公司按月计提利息的金额。

(3) 编制甲公司1月月末计提利息的会计分录。

(4) 编制甲公司3月月末支付第一季度银行借款利息的会计分录。

(5) 甲公司本年9月月末偿还借款本金及第三季度银行借款利息的会计分录。

10. 甲公司本年7月1日"应付账款"账户账面余额为400 000元,其所属明细账的账面余额资料为:应付A公司账款贷方余额240 000元,应付B公司账款贷方余额160 000元;本年7月8日,以银行存款偿付A公司账款140 000元;本年7月12日,从A公司购入材料,价税款计113 000元,尚未支付;本年7月20日,从C公司购入材料,价税款226 000元,尚未支付,本年7月21日预付D公司货款100 000元。

要求: 根据本题资料完成下列问题:

(1) 甲公司"应付账款"总账账户本年7月的发生额是(　　)。

A. 贷方发生额339 000元　　　　B. 贷方发生140 000元

C. 贷方发生额100 000元　　　　D. 借方发生额339 000元

(2) 甲公司"应付账款"总账账户本年7月末余额为(　　)。

A. 贷方余额699 000元　　　　B. 贷方余额599 000元

C. 贷方余额499 000元　　　　D. 借方余额140 000元

(3) 本年7月21日预付D公司货款100 000元(　　)。

A. 借:银行存款　　　　100 000　　B. 借:预付账款　　　　100 000
   贷:预付账款　　　　100 000　　　　贷:银行存款　　　　100 000

C. 借:应付账款　　　　100 000　　D. 借:预收账款　　　　100 000
   贷:预付账款　　　　100 000　　　　贷:银行存款　　　　100 000

第六章 会计凭证

【本章学习知识体系】

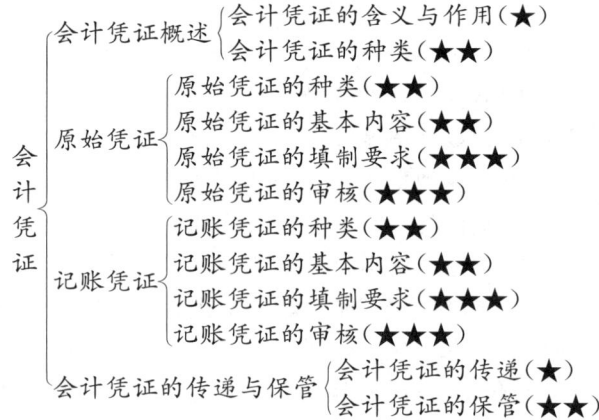

【分节习题必会】

第一节 会计凭证概述

一、单项选择题

1. 下列关于会计凭证作用的表述中,不正确的是( )。

   A. 记录经济业务,提供记账依据

   B. 监督经济活动,控制经济运行

   C. 明确经济责任,强化内部控制

   D. 提供某一日期资产的总额及其结构,表明企业拥有或控制的资源及其分布情况

2. ( )是指会计人员根据审核无误的原始凭证,按照经济业务的内容加以归类,并据以确定会计分录后所填制的会计凭证,它是登记账簿的直接依据。

   A. 汇总凭证   B. 累计凭证

   C. 记账凭证   D. 一次凭证

二、多项选择题

1. 下列关于会计凭证的表述中,正确的有(   )。
   A. 会计凭证包括纸质会计凭证和电子会计凭证两种形式
   B. 会计凭证是记录经济业务事项发生或完成情况的书面证明,也是登记账簿的依据
   C. 原始凭证是指在经济业务发生或完成时取得或填制的,用以记录或证明经济业务的发生或完成情况的原始凭据,它是填制记账凭证的依据
   D. 原始凭证是登记总分类账户和明细分类账户的依据,它能反映经济业务的发生或完成情况,监督企业经济活动,明确相关人员的责任

2. 下列各项中,不属于原始凭证的有(   )。
   A. 买卖合同   B. 银行对账单
   C. 银行存款余额调节表   D. 试算平衡表

三、判断题

1. 记账凭证是登记总分类账户和明细分类账户的依据,它能反映经济业务的发生或完成情况,监督企业经济活动,明确相关人员的责任。（　　）

2. 填制和审核会计凭证,是会计核算的基本方法之一,也是会计核算工作的起点。（　　）

3. 会计凭证按照填制的程序和经济业务内容不同,可分为原始凭证和记账凭证。（　　）

第二节　原 始 凭 证

一、单项选择题

1. 工资结算汇总表是一种(   )。
   A. 复式凭证   B. 累计凭证   C. 汇总凭证   D. 一次凭证

2. 下列自制的原始凭证中,最能体现成本控制特点的是(   )。
   A. 差旅费报销单   B. 汇总凭证   C. 限额领料单   D. 折旧计算表

3. 下列内容中,不属于原始凭证审核内容的是(   )。
   A. 凭证是否有填制单位的公章和填制人员签章
   B. 凭证所记录经济业务是否符合单位有关计划和预算
   C. 是否履行了规定的凭证传递和审核程序
   D. 会计科目使用是否正确

4. 下列原始凭证中,按其来源不同,(   )应归属于外来原始凭证。
   A. 购货取得的增值税专用发票   B. 限额领料单
   C. 领料单   D. 收料单

5. 下列各项中,不属于原始凭证必须具备的基本内容的是(   )。
   A. 凭证名称、填制日期   B. 经济业务内容

C. 应借应贷会计科目 D. 经办人员的签名或者盖章

6. 下列原始凭证中,不属于单位自制原始凭证的是(　　)。
   A. 收料单　　　B. 限额领料单　　　C. 购货合同　　　D. 领料单

7. 将原始凭证分为一次凭证、累计凭证、汇总凭证,其分类的依据是(　　)。
   A. 按照格式不同　　　　　　　　B. 按照用途不同
   C. 按照来源不同　　　　　　　　D. 按照填制的手续和内容不同

二、多项选择题

1. 下列关于原始凭证的表述中,正确的有(　　)。
   A. 原始凭证有金额以外的其他错误的,应当由开具单位重新开具或进行更正,并在更正处加盖出具单位的印章
   B. 原始凭证记载的各项内容均不得涂改
   C. 原始凭证的盖章必须是出具单位的公章
   D. 对金额有错误的原始凭证只能由出具方重新开具,不得在原始凭证上更正

2. 原始凭证按照格式的不同,可以分为(　　)。
   A. 通用凭证　　　B. 专用凭证　　　C. 一次凭证　　　D. 累计凭证

3. 原始凭证按照填制的手续和内容不同,可以分为(　　)。
   A. 通用凭证　　　B. 一次凭证　　　C. 累计凭证　　　D. 汇总凭证

4. 下列各项中,属于原始凭证基本内容的有(　　)。
   A. 凭证名称
   B. 填制凭证单位名称或者填制人姓名
   C. 接受凭证单位名称
   D. 经济业务内容

5. 下列关于原始凭证审核内容的表述中,正确的有(　　)。
   A. 原始凭证填制日期是否及时
   B. 原始凭证各项金额的填写和计算是否正确
   C. 原始凭证的各项基本要素是否齐全
   D. 原始凭证所记录的经济业务是否符合单位有关计划和预算

6. 下列符合原始凭证填制要求的有(　　)。
   A. 中文大写金额以"角"为止的,不能写"整"或"正"字
   B. 如果原始凭证已预先印定编号,如发票、收据、支票等重要凭证,在因错作废时应当加盖"作废"戳记,连同存根一起妥善保管,不得随意撕毁
   C. 从个人取得的原始凭证,必须由填制人员的签名或盖章
   D. 大写金额前没有印制"人民币"字样的,应加写"人民币"三个字,"人民币"字样和大写的金额之间不得留有空白

7. 下列关于原始凭证分类的表述中,正确的有(　　)。
   A. 按取得来源的不同,可以分为自制原始凭证和外来原始凭证两类
   B. 按取得来源的不同,可以分为通用凭证和专用凭证两类
   C. 按格式的不同,可以分为通用凭证和专用凭证两类

D. 按格式的不同,可以分为自制原始凭证和外来原始凭证两类

8. 填制原始凭证要求做到(   )。

A. 记录要真实 B. 书写要清楚、规范
C. 手续要完备 D. 内容要完整

三、判断题

1. 在会计实务中,取得的原始凭证大写金额与小写金额不一致时,经会计机构负责人签字后可以以大写金额为准作为填制记账凭证登记入账的依据。（   ）

2. 在一定时期内连续记录若干项同类经济业务的原始凭证是汇总凭证。（   ）

3. 如果原始凭证已预先印定编号,在因错作废时应当加盖"作废"戳记,连同存根一起妥善保管,不得随意撕毁。（   ）

4. 凡填写大写和小写金额的原始凭证,大写与小写的金额必须相符,若不符则原始凭证应当作废。（   ）

5. 自制原始凭证是由企业财会部门自行填制的原始凭证。（   ）

第三节　记账凭证

一、单项选择题

1. 库存现金收款凭证的填制日期应当是(   )。

A. 原始凭证注明的日期 B. 填制收款凭证的日期
C. 收取库存现金的日期 D. 登记库存现金总账的日期

2. 下列各项中,不属于记账凭证审核内容的是(   )。

A. 所使用的会计科目是否符合《企业会计准则》等规定
B. 审核记账凭证各项目填写是否齐全
C. 审核所记录的经济业务是否符合单位经济活动的需要
D. 记账凭证汇总表的内容与其所依据的记账凭证的内容是否一致

3. 专用记账凭证按其(   )的不同,分为收款凭证、付款凭证和转账凭证。

A. 格式 B. 反映的经济业务内容
C. 填列方式 D. 依据的原始凭证

4. 出纳员张某在填制付款凭证时,发现将正确金额 2 500 元误写成 25 000 元,正确的做法是(   )。

A. 先用红字填制一张金额为 25 000 元的付款凭证,再用蓝字填制一张金额为 2 500 元的付款凭证
B. 用红字填制一张金额为 22 500 元的付款凭证
C. 用蓝字填制一张金额为 22 500 元的收款凭证
D. 将原先填制的金额为 25 000 元的付款凭证作废,重新填制一张金额为 2 500 元的付款凭证

5. 下列各项中,可以作为涉及会计科目较多,需填制多张记账凭证的经济业务编号方

法的是(　　)。

   A. 统一编号法　　　　　　　　B. 其他选项都不对
   C. 连续编号法　　　　　　　　D. 分数编号法

二、多项选择题

1. 下列人员中,应在记账凭证上签章的有(　　)。
   A. 记账人员　　B. 单位负责人　　C. 会计主管　　D. 制单人员
2. 下列做法中,不符合记账凭证填制要求的有(　　)。
   A. 填制库存现金收款凭证时日期应当是按照所附原始凭证上注明的日期
   B. 涉及库存现金和银行存款之间的相互划转业务,为了避免重复,一般只填制收款凭证
   C. 更正错误的记账凭证可以不附原始凭证
   D. 出纳人员根据收款凭证收款或根据付款凭证付款后,为避免重复,应由出纳人员在凭证上划线注销
3. 下列业务中,不需要填制银行存款收款凭证的有(　　)。
   A. 以银行存款购入设备　　　　B. 接受投入1台设备
   C. 从银行借入款项,存入银行　　D. 将资本公积转增资本

三、判断题

1. 发现以前年度记账凭证是错误的,应当用红字填制一张更正的记账凭证。(　　)
2. 为保证会计核算资料的真实性、完整性,要求所有经济业务的记账凭证必须附有原始凭证。(　　)
3. 收款凭证的左上角的会计科目为贷方科目。(　　)

第四节　会计凭证的传递与保管

一、单项选择题

1. 管理部门当月购进办公用品若干,经办人员不慎将从供货单位取得的发票遗失,会计人员正确的处理方法是(　　)。
   A. 不予办理报销手续
   B. 在其取得原供货单位注明原始凭证的号码、金额、内容并加盖公章的证明后,由本单位会计机构负责人(会计主管人员)和单位负责人批准后,给予报销
   C. 由当事人写明详细情况,相关人员证明后,给予报销
   D. 责成经办人员取得原供货单位加盖公章的证明并经会计主管人员审查属实后,给予报销
2. 当年形成的会计档案,在会计年度终了后,可由单位会计机构临时保管(　　)年,期满后再移交本单位档案管理机构统一保管。
   A. 1　　　　　　B. 2　　　　　　C. 3　　　　　　D. 5

二、多项选择题

1. 影响企业会计凭证传递程序选择的因素有（　　）。
   A. 经济业务特点　　　　　　　　　　B. 人员分工和管理要求
   C. 内部机构设置　　　　　　　　　　D. 规定的凭证保管期限

2. 下列各项中，符合会计凭证的保管要求的有（　　）。
   A. 会计机构在依据会计凭证记账以后，应定期（每天、每旬或每月）对各种会计凭证进行分类整理，将各种记账凭证按照编号顺序，连同所附的原始凭证一起加具封面和封底，装订成册，并在装订线上加贴封签，防止抽换凭证
   B. 原始凭证较多时，可单独装订，但应在凭证封面注明所属记账凭证的日期、编号和种类，同时在所属的记账凭证上应当注明"附件另订"及原始凭证的名称和编号，以便查阅
   C. 单位未设立档案管理机构的，应在会计机构等机构内部指定专人保管
   D. 单位保存的会计档案一律不得对外借出

三、判断题

1. 会计凭证的传递是指从会计凭证的取得或填制时起至归档保管过程中，在单位内部有关部门和人员之间的传送程序。（　　）

2. 记账凭证所附的原始凭证数量过多，也可以单独装订保管，但应在其封面及有关记账凭证上加注说明。（　　）

【本章习题必练】

一、单项选择题

1. 出差人员预借差旅费应当填写借款单，下列相关表述中，正确的是（　　）。
   A. 借款单是一种自制的原始凭证　　　　B. 借款单是一种外来原始凭证
   C. 借款单是一种付款凭证　　　　　　　D. 借款单是一种单式凭证

2. 对于"库存现金"和"银行存款"之间相互划转的业务，为了避免重复记账，一般只填制（　　）。
   A. 收款凭证　　　　B. 付款凭证　　　　C. 汇总凭证　　　　D. 转账凭证

3. 下列各项中，不属于记账凭证的基本内容的是（　　）。
   A. 经济业务摘要　　　　　　　　　　B. 数量、单价
   C. 应借应贷会计科目　　　　　　　　D. 凭证编号

4. 下列内容中，不属于记账凭证审核内容的是（　　）。
   A. 凭证的内容与所附原始凭证的内容是否一致
   B. 凭证的金额与所附原始凭证的有关金额是否一致
   C. 会计科目使用是否正确
   D. 凭证是否符合有关的计划和预算

5. 原始凭证按格式的不同，可以分为（　　）。
   A. 通用凭证和专用凭证　　　　　　　B. 自制原始凭证和外来原始凭证

C. 累计凭证和汇总凭证　　　　　　D. 一次凭证和累计凭证

6. 下列各项中,不能作为填制记账凭证的原始依据的是(　　)。
   A. 制造费用分配表　　　　　　　　B. 产品入库单
   C. 生产通知单　　　　　　　　　　D. 银行收付款通知单

7. 对于不真实、不合法的原始凭证,单位会计机构和会计人员有权(　　)。
   A. 不予接受,并向本单位负责人报告
   B. 予以抵制,对经办人员进行批评
   C. 由会计人员重新填制或予以更正
   D. 予以退回,要求更正、补充,直至重新填制

8. 将库存现金送存银行,应填制的记账凭证是(　　)。
   A. 库存现金收款凭证　　　　　　　B. 库存现金付款凭证
   C. 银行存款收款凭证　　　　　　　D. 银行存款付款凭证

9. 原始凭证按(　　)分类,分为一次凭证、累计凭证和汇总凭证。
   A. 用途和填制程序　　　　　　　　B. 形成来源
   C. 填制方式　　　　　　　　　　　D. 填制手续和内容

10. 在审核原始凭证时,对于真实、合法、合理,但内容不完整、填制有错误的原始凭证,应当(　　)。
    A. 不予接受,并向本单位负责人报告
    B. 予以抵制,对经办人员进行批评
    C. 由会计人员重新填制或予以更正
    D. 退回给相关经办人员,由经办人员负责将有关凭证补充完整、更正错误或者重新开具后,再办理正式的会计入账手续

11. 根据(　　)进行分类,可以将会计凭证分为原始凭证和记账凭证两类。
    A. 填制的程序和用途不同　　　　　B. 来源不同
    C. 性质不同　　　　　　　　　　　D. 内容不同

12. 连续反映某一时期、不断重复发生而分次进行的特定业务,应编制的原始凭证是(　　)。
    A. 一次凭证　　　B. 累计凭证　　　C. 汇总记账凭证　　　D. 汇总原始凭证

13. 下列各项中,属于累计凭证的是(　　)。
    A. 领料单　　　　　　　　　　　　B. 限额领料单
    C. 耗用材料汇总表　　　　　　　　D. 工资汇总表

14. 会计日常核算工作的起点是(　　)。
    A. 填制和审核会计凭证　　　　　　B. 财产清查
    C. 设置会计科目和账户　　　　　　D. 登记会计账簿

15. 下列关于原始凭证的说法中,不正确的是(　　)。
    A. 按照取得的来源不同,分为自制原始凭证和外来原始凭证
    B. 按照格式的不同,分为通用凭证和专用凭证
    C. 按照填制的手续和内容的不同,分为一次凭证、累计凭证和汇总凭证
    D. 按照填制方法的不同,分为自制原始凭证和外来原始凭证

二、多项选择题

1. 下列项目中,符合填制会计凭证要求的有(   )。
   A. 大写金额有分的,分字后面不写"整"或"正"字
   B. 阿拉伯数字连笔书写
   C. 阿拉伯数字前面的人民币符号写为"￥"
   D. 汉字大小写金额必须相符,且填写规范

2. 记账凭证按照填列方式的不同,可分为(   )。
   A. 通用记账凭证   B. 专用记账凭证   C. 复式记账凭证   D. 单式记账凭证

3. 下列关于会计凭证传递的说法中,正确的有(   )。
   A. 会计凭证的传递是指在单位内部有关部门和人员之间的传送程序
   B. 会计凭证的传递应当满足内部控制制度的要求
   C. 会计凭证的传递程序和方法由国家统一规定
   D. 会计凭证的传递具体包括传递程序和传递时间

4. 下列凭证中,属于自制原始凭证的有(   )。
   A. 从供货单位取得的增值税专用发票
   B. 销售发货票(销售货物取得的发票)
   C. 限额领料单
   D. 发出材料汇总表

5. 下列关于复式记账凭证的说法中,正确的有(   )。
   A. 复式记账凭证不便于会计岗位上的分工记账
   B. 复式记账凭证是指将每一笔经济业务所涉及的全部会计科目及其发生额均记录在同一张记账凭证中
   C. 复式记账凭证可以全面反映经济业务的账户对应关系,便于了解经济业务全貌
   D. 复式记账凭证有利于检查会计分录的正确性,同时可以减少填制记账凭证的工作量,减少凭证数量

6. 记账凭证填制的基本要求有(   )。
   A. 记账凭证各项内容必须完整
   B. 记账凭证应当连续编号
   C. 记账凭证的书写应当清楚、规范
   D. 填制记账凭证时若发生错误,应当重新填制

7. 下列说法中,正确的有(   )。
   A. 已经登记入账的记账凭证,在当年内发现填写错误时,直接用蓝字重新填制一张正确的记账凭证即可
   B. 发现以前年度记账凭证有错误的,可以用红字填制一张与原内容相同的记账凭证,再用蓝字重新填制一张正确的记账凭证
   C. 如果会计科目没有错误只是金额错误,也可以将正确数字与错误数字之间的差额,另填制一张调整的记账凭证,调增金额用蓝字,调减金额用红字
   D. 发现以前年度记账凭证有错误的,应当用蓝字填制一张更正的记账凭证

8. 下列关于原始凭证和记账凭证的区别的表述中,正确的有(   )。

A. 原始凭证是根据发生或完成的经济业务填制的,而记账凭证则是根据审核无误后的原始凭证填制的

B. 原始凭证仅用以记录或证明经济业务已经发生或完成,而记账凭证则要依据会计科目对已经发生或完成的经济业务进行归类、整理填制

C. 原始凭证是记账凭证的附件和填制记账凭证的依据,而记账凭证则是登记账簿的直接依据

D. 原始凭证由经办人员填制,而记账凭证一律由会计人员填制

9. 下列人员中,属于需要在自制原始凭证上签名或盖章的有( )。

A. 经办部门的负责人　　　　　　　　B. 记账人员
C. 经办人员　　　　　　　　　　　　D. 出纳人员

三、判断题

1. 审核原始凭证的正确性,就是要审核原始凭证所记录的经济业务是否符合企业生产经营活动的需要,是否符合有关的计划和预算。（　　）

2. 对于不真实、不合法的原始凭证,单位会计机构和会计人员有权不予接受,并向本单位负责人报告。（　　）

3. 收款凭证可以分为库存现金收款凭证和银行存款收款凭证,如以银行存款结算而取得发票的记账联。（　　）

4. 为了保证会计核算的真实性,企业填制的记账凭证必须附有原始凭证。（　　）

5. 若发现记账凭证上的应记科目和金额错误,并已登记入账,则可将填错的记账凭证销毁,并再填一张正确的记账凭证,据以入账。（　　）

6. 自制原始凭证都是一次凭证,外来原始凭证绝大多数是一次凭证。（　　）

7. 原始凭证一般是在经济业务发生时直接取得或填制的,记载着大量的经济信息,又是证明经济业务发生的初始文件,但是不具有较强的法律效力。（　　）

8. 对于真实、合法、合理,但内容不够完整、填写有错误的原始凭证,会计机构和会计人员有权不予接受。（　　）

9. 转账凭证是指用于记录不涉及库存现金和银行存款业务的凭证。转账凭证与收款凭证、付款凭证在格式上的主要区别是转账凭证的左上角没有设置科目。（　　）

10. 填制记账凭证时若发生错误,应当进行更正,不得重新填制。（　　）

11. 只有审核无误的原始凭证才能作为登记账簿的直接依据。（　　）

12. 从外单位取得的原始凭证遗失时,应取得原签发单位盖有公章的证明,并注明原始凭证的号码、金额、内容等,由经办单位会计机构负责人(会计主管人员)或单位负责人批准后,才能代作原始凭证。（　　）

四、计算分析题

1. 请根据题目所述内容填列表 6-1 和表 6-2 的(1)~(6)处。

(1) 20×8 年 7 月 5 日,甲企业销售货物 B 产品一批,不含税价款为 40 000 元,增值税税率为 13%,开具的增值税专用发票一张,并收到购买单位支票一张,收讫后存入银行。甲企业出纳人员根据审核无误的原始凭证填制银行存款收款凭证,如表 6-1 所示。

表 6-1　　　　　　　　　　　　　银行存款收款凭证
借方科目:银行存款　　　　　　20×8 年 7 月 5 日　　　　　　收字第 1 号

摘要	贷方科目		金额	记账
	一级科目	二级或明细科目		
销售 B 产品	主营业务收入	B 产品	（1）	
	应交税费	应交增值税（销项税额）	（2）	
合　计			（3）	

会计主管：　　　记账：　　　稽核：　　　填制：　　　出纳：　　　交款人：

（2）20×8 年 7 月 12 日,甲企业购入 C 材料一批,不含税买价为 24 000 元,增值税税率为 13%,开出支票一张支付购料款,取得增值税专用发票,材料已经验收入库。甲企业出纳人员根据审核无误的原始凭证填制银行存款付款凭证,如表 6-2 所示。

表 6-2　　　　　　　　　　　　　银行存款付款凭证
贷方科目:银行存款　　　　　　20×8 年 7 月 12 日　　　　　　付字第 1 号

摘要	借方科目		金额	记账
	一级科目	二级或明细科目		
购买 C 材料	原材料	C 材料	（4）	
	应交税费	应交增值税（进项税额）	（5）	
合　计			（6）	

会计主管：　　　记账：　　　稽核：　　　填制：　　　出纳：　　　交款人：

2. 青岛盛樽酒业有限公司主营各类酒产品,在 2022 年 12 月收到 2 张凭证,如图 6-1 和图 6-2 所示。

3702151140	青岛增值税专用发票					№ 09785622			
	国家税务总局监制 此联不作退(抵)扣税凭证使用					开票日期:2022年12月20日			
购买方	名　　　称:青岛百货股份有限公司 纳税人识别号:370209234800920 地　址、电话:青岛市市北区延安路180号　0532—85802123 开户行及账号:中国工商银行青岛延安路支行 6222023184346098511					密码区	略		
货物或应税劳务、服务名称	规格型号	单位	数量	单价	金额		税率	税额	
粮食白酒		吨	1.2	30 000.00	36 000.00		13%	4 680.00	
合计					¥36 000.00			¥4 680.00	
价税合计（大写）	⊗ 肆万零陆佰捌拾圆整				（小写）¥40 680.00				
销售方	名　　　称:青岛盛樽酒业有限公司 纳税人识别号:370209900427226 88P 地　址、电话:青岛市市北区辽源路230号　0532—85802231 开户行及账号:中国工商银行青岛辽源路支行 6222000384754998500					备注	青岛盛樽酒业有限公司 37020990042722 发票专用章 销售方：（章）		
收款人：王佳		复核：郭杰		开票人：孙晓华					

图 6-1

中国工商银行 进 账 单（收账通知）　3

2022 年 12 月 20 日

出票人	全　称	青岛百货股份有限公司	收款人	全　称	青岛盛樽酒业有限公司
	账　号	6222023184346098511		账　号	6222000384754998500
	开户银行	中国工商银行青岛延安路支行		开户银行	中国工商银行青岛辽源路支行

金额	人民币（大写）	亿	千	百	十	万	千	百	十	元	角	分
	肆万零陆佰捌拾圆整				¥	4	0	6	8	0	0	0

票据种类	转账支票	票据张数	1	
票据号码				中国工商银行青岛延安路支行 2022.12.20 转讫
复核　　记账				收款单位开户行盖章

此联是收款人开户银行交给收款人的收账通知

图 6-2

(1) 青岛盛樽酒业有限公司根据上述原始凭证应当填制(　　)。

A. 付款凭证　　B. 收款凭证

C. 转账凭证　　D. 原始凭证

(2) 青岛盛樽酒业有限公司根据上述原始凭证填制记账凭证时，借方科目应为(　　)。

A. “银行存款”　　B. “主营业务收入”

C. “应收账款”　　D. “应付账款”

(3) 青岛盛樽酒业有限公司根据上述原始凭证填制记账凭证时，贷方科目应为(　　)。

A. “主营业务收入”

B. “其他业务收入”

C. “银行存款”

D. “应交税费——应交增值税(销项税额)”

(4) 原始凭证一般是由(　　)填制的。

A. 本单位的会计人员　　B. 本单位的业务经办人员

C. 本单位的财务主管　　D. 外单位的业务经办人员

第七章 会计账簿

【本章学习知识体系】

```
           ┌ 会计账簿概述 ┬ 会计账簿的含义与作用(★)
           │              ├ 会计账簿的基本内容(★★)
           │              ├ 会计账簿与账户的关系(★★)
           │              └ 会计账簿的种类(★★★)
           │
           ├ 会计账簿的启用与登记要求 ┬ 会计账簿的启用(★)
           │                          └ 会计账簿的登记要求(★★)
           │
会计账簿 ──┼ 会计账簿的格式与登记方法 ┬ 日记账的格式与登记方法(★★★)
           │                          ├ 总分类账的格式与登记方法(★★★)
           │                          ├ 明细分类账的格式与登记方法(★★★)
           │                          └ 总分类账与明细分类账的平行登记(★★)
           │
           ├ 对账与结账 ┬ 对账(★★★)
           │            └ 结账(★★★)
           │
           ├ 错账查找与更正的方法 ┬ 错账查找方法(★★★)
           │                      └ 错账更正方法(★★★)
           │
           └ 会计账簿的更换与保管 ┬ 会计账簿的更换(★)
                                  └ 会计账簿的保管(★★)
```

【分节习题必会】

第一节 会计账簿概述

一、单项选择题

1. 下列账户中,采用数量金额式账簿格式的是(　　)。
   A. 利润分配明细账　　　　　　　　B. 收入明细账
   C. 库存商品明细账　　　　　　　　D. 成本明细账
2. 费用明细账比较适合使用的账簿格式是(　　)。
   A. 两栏式账簿　　　　　　　　　　B. 多栏式账簿
   C. 三栏式账簿　　　　　　　　　　D. 数量金额式账簿
3. 租入固定资产登记簿属于(　　)。

A. 序时账簿 B. 总分类账簿
C. 备查账簿 D. 明细分类账簿

4. 下列各项中,不属于按外形特征不同分类的会计账簿是( )。

A. 卡片式账簿 B. 订本式账簿
C. 活页式账簿 D. 备查账簿

5. 库存现金日记账和银行存款日记账必须采用( )账簿。

A. 活页式 B. 备查
C. 订本式 D. 复式

6. 下列各项中,( )是连接会计凭证和财务报表的中间环节。

A. 复式记账 B. 设置会计科目
C. 设置和登记会计账簿 D. 编制会计分录

二、多项选择题

1. 下列关于账簿的表述中,正确的有( )。

A. 账簿可以为财务报表的编制提供系统的数据来源
B. 账簿是填制和审核会计凭证的延伸
C. 总账可以提供每一项交易的发生日期
D. 设置和登记账簿是连接会计凭证和财务报表的中间环节

2. 下列明细账户中,适合采用多栏式账簿登记的有( )。

A. 制造费用明细账户 B. 管理费用明细账户
C. 库存商品明细账户 D. 本年利润明细账户

3. 账簿设置和登记可发挥的作用有( )。

A. 编报和输出会计信息 B. 分类和汇总会计信息
C. 检查和校正会计信息 D. 记载和储存会计信息

4. 序时账簿又称日记账,是按照经济业务发生或完成时间的先后顺序逐日逐笔进行登记的账簿,下列序时账簿中,属于特种日记账的有( )。

A. 购货日记账 B. 银行存款日记账
C. 库存现金日记账 D. 销货日记账

三、判断题

1. 活页账无论是在账簿登记完毕之前还是之后,账页都不固定装订在一起,而是装在活页账夹中。 ( )

2. 会计账簿是指由一定格式的账页组成的,以经过审核的会计凭证为依据,全面、系统、连续地记录各项经济业务的簿籍。 ( )

3. 为了保证库存现金日记账和银行存款日记账的安全完整,避免账页散失和防止抽换账页,库存现金日记账和银行存款日记账都必须使用订本式账簿。 ( )

4. 三栏式账簿是指具有日期、摘要、金额三个栏目格式的账簿。 ( )

第二节 会计账簿的启用与登记要求

一、单项选择题

1. 下列关于会计账簿登记要求的表述中,不正确的是(　　)。
   A. 账簿中书写的文字和数字应紧靠底线书写,上面要留有适当的空格,不要写满格,一般应占格距的2/3
   B. 在登记各种会计账簿时,应按顺序进行连续登记,不得隔页、跳行
   C. 凡需结出余额的账户,结出余额后,应在"借或贷"栏内写明"借"或"贷"字样;没有余额的账户,应在"借或贷"栏内写"平"字,并在余额栏内用"0"表示
   D. 库存现金日记账和银行存款日记账必须逐日结出余额

2. 下列关于账簿的说法中,正确的是(　　)。
   A. 会计账簿的基本内容包括封面、账页和封底
   B. 使用活页式账簿应当按账户顺序编号,并须定期装订成册
   C. 用订本式账簿应当从第一页到最后一页顺序编定页数,可以跳页、缺号
   D. 卡片式账簿不可以跨年度使用

二、多项选择题

1. 在登记账簿时,每记满一页时,下列操作不正确的有(　　)。
   A. 只计算本页的发生额合计
   B. 只计算本页的余额
   C. 计算本页的发生额合计和余额,同时在摘要栏注明"转次页"或"过次页"字样
   D. 不计算本页的发生额合计和余额,但应在摘要栏注明"转次页"或"过次页"字样

2. 下列关于在记账过程中发生隔页、跳行的处理方法中,正确的有(　　)。
   A. 在空页、空行处用红色墨水划对角线注销
   B. 记账人员和会计机构负责人(会计主管人员)在更正处签章
   C. 注明"此页空白""此行空白"字样
   D. 在空页、空处添加有关记录

3. 下列明细账中,适用于横线登记式的有(　　)。
   A. 管理费用明细账　　　　　　B. 材料采购明细账
   C. 应收票据明细账　　　　　　D. 原材料明细账

三、判断题

1. 凡需结出余额的账户,结出余额后要标明余额方向,无余额的账户,应在"借或贷"栏内写"0"。(　　)

2. 在贷方多栏式明细账中,平时如果发生借方发生额,应该用红字在贷方对应的明细栏中登记。(　　)

第三节　会计账簿的格式与登记方法

一、单项选择题

1. 根据明细分类账的登记方法,下列明细分类账中应该逐日逐笔登记的是(　　)。
   A. 固定资产明细分类账　　　　　　B. 材料明细分类账
   C. 收入明细分类账　　　　　　　　D. 费用明细分类账
2. 下列对总分类账格式和登记方法的要求中,错误的是(　　)。
   A. 总分类账最常用的格式是三栏式
   B. 总分类账一般不采用订本式账簿
   C. 总分类账应该按照总分类账户分类登记
   D. 总分类账的登记方法取决于企业采用的账务处理程序
3. 按照平行登记法的原则,发生的经济业务在相关的总账和明细账的登记方法是(　　)。
   A. 根据总账登记明细账　　　　　　B. 根据明细账登记总账
   C. 先记总账后记明细账　　　　　　D. 根据相同的会计凭证各自独立登记
4. 下列各项中,可以作为银行存款日记账逐笔登记的记账凭证是(　　)。
   A. 银行存款收、付款凭证　　　　　B. 转账凭证
   C. 库存现金收款凭证　　　　　　　D. 银行对账单

二、多项选择题

1. 下列关于明细分类账的表述中,正确的有(　　)。
   A. 明细分类账是根据有关明细分类账户开设账页,分类、连续地登记经济业务以提供明细核算资料的账簿
   B. 明细分类账一般采用订本式账簿
   C. 明细分类账是编制财务报表的依据之一
   D. 明细分类账是对总分类账所提供的总括核算资料的必要补充
2. 总分类账户与明细分类账户的平行登记要点包括(　　)。
   A. 行数相同　　　B. 金额相等　　　C. 期间一致　　　D. 方向相同
3. 登记总分类账的依据包括(　　)。
   A. 记账凭证　　　B. 汇总原始凭证　　　C. 科目汇总表　　　D. 汇总记账凭证

三、判断题

1. 平行登记是指对所发生的每项经济业务一方面要以会计凭证为依据登记有关总分类账户,另一方面又要以登记好的总分类账户为依据,将其拆分后登记到所属明细分类账户中。　　　　　　　　　　　　　　　　　　　　　　　　　　　　　　　　(　　)
2. 总分类账最常用的格式为多栏式,设置借方、贷方和余额三个基本金额栏目。
　　　　　　　　　　　　　　　　　　　　　　　　　　　　　　　　　　　(　　)

第四节 对账与结账

一、单项选择题

1. 下列各项中,需要划双红线的是(　　)。
   A. 在"本月合计"的下面
   B. 在"本年累计"的下面
   C. 在 12 月月末的"本年累计"的下面
   D. 在"结转下年"的下面

2. 下列关于结账的说法中,错误的是(　　)。
   A. 结账前应根据权责发生制要求调整有关账项
   B. 结账前,应将本期内发生的经济业务全部记入有关账簿,若预计本期不会再发生任何业务可以提前结账
   C. 结账前要将损益类账户全部转入"本年利润"账户
   D. 在本期全部经济业务登记入账的基础上,需要结算出资产、负债和所有者权益账户的本期发生额和余额,并转入下期

3. 对账即核对账目,其主要内容包括(　　)。
   A. 账实核对、账表核对、账账核对
   B. 账证核对、账账核对、账实核对
   C. 账账核对、账证核对、表表核对
   D. 账账核对、账证核对、账表核对

二、多项选择题

1. 下列结账方法中,正确的有(　　)。
   A. 库存现金日记账,每月月末结账时,要在最后一笔经济业务记录下面划通栏的单红线,结出本月发生额和余额
   B. 应收账款明细账,每月月末结账时,只需在最后一笔经济业务记录之下划通栏单行线,不需要再结计一次余额
   C. 总账账户平时只需结出月末余额,年终结账时,将所有总账账户结出全年发生额和年末余额
   D. 年度终了结账时,有余额的账户,应将其余额结转下年,并在摘要栏注明"结转下年"字样

2. 账账核对包括(　　)的核对是否相等。
   A. 所有总账的借方余额合计和贷方余额合计
   B. 总账余额和所属明细账余额之和
   C. 银行存款日记账和银行对账单
   D. 库存现金日记账和银行存款日记账余额与其总账余额

三、判断题

1. 所谓对账,就是核对账目,仅包括会计凭证与会计账簿的核对和实物资产与会计账

簿的核对。 （　　）

2. 结账是指年度终了时，为了编制财务报表而进行的一项将账簿记录结算清楚的账务工作。 （　　）

第五节　错账查找与更正的方法

一、单项选择题

1. 补充登记法主要适用于（　　）。
   A. 记账文字或数字有误，所用科目无误
   B. 记账后在年内发现所记金额无误，所用科目有误
   C. 记账后发现所记金额小于应记金额，所用科目无误
   D. 记账后在年内发现所记金额大于应记金额，所用科目无误

2. 记账后在当年内发现记账凭证和账簿所记的会计科目无错误，但所记金额有错，致使账簿记录错误，正确的更正方法是（　　）。
   A. 若所记金额小于应记金额，则应采用红线更正法
   B. 若所记金额大于应记金额，则应采用红字更正法
   C. 若所记金额大于应记金额，则应采用补充登记法
   D. 若所记金额小于应记金额，则应采用划线更正法

3. 甲公司用库存现金发放工资 25 000 元，记账后发现记账凭证中应记科目、借贷方向无误，但金额误记为 2 500 元。更正该错误的正确方法是（　　）。
   A. 填制一张与原错误记账凭证应记科目、借贷方向相同，金额为 22 500 元的蓝字记账凭证，并据以登记入账
   B. 填制一张与原错误记账凭证应记科目、借贷方向相同，金额为 22 500 元的红字记账凭证，并据以登记入账
   C. 填制一张与原错误记账凭证应记科目、借贷方向相同，金额为 25 000 元的蓝字记账凭证，并据以登记入账
   D. 填制一张与原错误记账凭证应记科目、借贷方向相同，金额为 25 000 元的红字记账凭证，并据以登记入账

4. 某会计人员记账时将应记入"原材料——A 材料"账户借方的 10 000 元误记入贷方。会计人员在查找该项错账时，在下列方法中，应采用的方法是（　　）。
   A. 除 2 法　　　　B. 除 9 法　　　　C. 差数法　　　　D. 尾数法

二、多项选择题

1. 下列关于划线更正法的表述中，正确的有（　　）。
   A. 对错误的文字、数字不得全部涂抹至不可见
   B. 对数字错误需要对整组数字划线注销
   C. 对文字错误应只划去错误的文字
   D. 对错误的数字应只划去错误的数字

2. 错账更正的方法主要有（　　）。
   A. 划线更正法　　　B. 涂改法　　　C. 红字更正法　　　D. 补充登记法

三、判断题

1. 由于填制的记账凭证会计科目错误，导致账簿记录错误，更正时，可以将错误的会计科目划红线注销，然后，在划线上方填写正确的会计科目。（　　）
2. 除 9 法是指以差数除以 9 来查找错账的方法。（　　）

第六节　会计账簿的更换与保管

一、单项选择题

1. 大多数账簿应每年更换一次，（　　）可以连续使用。
   A. 总账　　　B. 备查账簿　　　C. 日记账　　　D. 多数明细账
2. 变动较小的明细账可以连续使用，不必每年更换，如（　　）等。
   A. 固定资产明细账　　　　　　B. 银行存款日记账
   C. 主营业务收入明细账　　　　D. 管理费用明细账

二、多项选择题

1. 下列关于会计账簿保管的说法中，正确的有（　　）。
   A. 各种账簿要分工明确，指定专人管理
   B. 会计账簿除了需要与外单位核对，一般不能携带外出
   C. 会计账簿不能随意交与其他人员管理，以保证账簿安全和防止任意涂改账簿等问题发生
   D. 年度终了更换并启用新账后，对更换下来的旧账要整理装订，造册归档
2. 实行会计电算化的单位，满足《会计档案管理办法》第八条有关规定的，（　　）。
   A. 可仅以电子形式保存会计账簿，无须定期打印会计账簿
   B. 确需打印的，打印的会计账簿必须连续编号，经审核无误后装订成册，并由记账人员和会计机构负责人、会计主管人员签字或者盖章
   C. 必须既以电子形式保存会计账簿，又定期打印会计账簿
   D. 确需打印的，打印的会计账簿必须连续编号，经审核无误后装订成册，并由记账人员和会计机构负责人、会计主管人员签字且盖章

三、判断题

1. 各种账簿同会计凭证和财务报表一样，都是重要的经济档案，必须按照《会计档案管理办法》规定的保存年限妥善保管，不得丢失和任意销毁。（　　）
2. 会计账簿的更换通常在会计年度末结账时进行。（　　）

【本章习题必练】

一、单项选择题

1. 能够全面地反映企业经济活动的会计账簿是( )。
  A. 总分类账　　　　B. 两栏式账　　　　C. 备查账　　　　D. 序时账

2. 卡片账一般在( )时采用。
  A. 无形资产总分类核算　　　　　　B. 固定资产明细分类核算
  C. 原材料总分类核算　　　　　　　D. 原材料明细分类核算

3. 三栏式库存现金日记账为了清晰地反映与库存现金业务相关的账户对应关系,应在"摘要"栏前设( )栏。
  A. 记账凭证的日期　　　　　　　　B. 记账凭证的编号
  C. 对方科目　　　　　　　　　　　D. 收入、支出和余额

4. 横线登记式明细账,不适用于登记( )。
  A. 材料采购　　　　　　　　　　　B. 应收票据
  C. 一次性备用金　　　　　　　　　D. 管理费用

5. 下列项目中,不属于账实核对内容的是( )。
  A. 库存现金日记账余额与库存现金数核对
  B. 银行存款日记账余额与银行对账单余额核对
  C. 账簿记录与原始凭证核对
  D. 债权、债务明细账余额与对方单位的账面记录核对

6. 总账、日记账必须采用订本式账簿,其账页一般采用( )账页格式。
  A. 活页式　　　　　　　　　　　　B. 横线登记式
  C. 三栏式　　　　　　　　　　　　D. 卡片式

7. 错账更正时,划线更正法的适用范围是( )。
  A. 记账后在当年内发现记账凭证中会计科目或借贷方向错误,导致账簿记录错误
  B. 在结账前发现记账凭证正确,登记账簿时发生文字或数字错误
  C. 记账后在当年内发现记账凭证中会计科目或借贷方向正确,所记金额大于应记金额,导致账簿记录错误
  D. 记账后在当年内发现记账凭证中会计科目或借贷方向正确,所记金额小于应记金额,导致账簿记录错误

8. 下列各项中,不可以用红色墨水记账的是( )。
  A. 按照红字冲账的记账凭证,冲销错误记录
  B. 在不设借贷等栏的多栏式账页中,登记减少数
  C. 登记一般账簿,可以任意选用笔的颜色
  D. 在三栏式账户的"余额"栏前,如未印明余额方向的,在"余额"栏内登记负数余额

9. 年终结账时,要在总账摘要栏内注明"本年合计"字样,结出全年发生额和年末余额,并在合计数( )。
  A. 上方通栏划单红线　　　　　　　B. 下方通栏划单红线

C. 上方通栏划双红线　　　　　　　　D. 下方通栏划双红线

10. 订本式账簿主要适用于(　　)。
    A. 债权、债务明细账　　　　　　　B. 总账、日记账
    C. 材料、商品明细账　　　　　　　D. 收入、费用明细账

11. 下列关于库存现金日记账及银行存款日记账月末结账的表述中,正确的是(　　)。
    A. 应在"本月合计"栏下面划通栏单红线
    B. 应在"本月合计"栏下面划双红线
    C. 应在"本月合计"栏金额栏内划单红线
    D. 应在"本月合计"栏上下划通栏单红线

12. 下列说法中,不正确的是(　　)。
    A. 总分类账最常用的格式为三栏式,设有借方、贷方和余额三个金额栏目
    B. 库存现金日记账由出纳人员根据审核后的库存现金收款凭证、库存现金付款凭证、银行存款付款凭证,逐日逐笔顺序登记
    C. 两栏式账簿是指只有借方和贷方两个金额栏目的账簿
    D. 明细分类账的格式主要有三栏式、多栏式和数量金额式三种

13. 从银行提取库存现金,登记库存现金日记账的依据是(　　)。
    A. 库存现金收款凭证　　　　　　　B. 银行存款收款凭证
    C. 库存现金付款凭证　　　　　　　D. 银行存款付款凭证

14. 对于在序时账簿和分类账簿中,不能全面反映经济业务或不能进行全面记载的会计事项,如租入固定资产的业务应通过(　　)登记。
    A. 总分类账簿　　　　　　　　　　B. 卡片式账簿
    C. 明细账簿　　　　　　　　　　　D. 备查账簿

15. 下列账簿中,一般采用活页账形式登记的是(　　)。
    A. 银行存款日记账　　　　　　　　B. 总分类账
    C. 明细分类账　　　　　　　　　　D. 库存现金日记账

16. 下列项目中,连接会计凭证和财务报表的中间环节是指(　　)。
    A. 复式记账　　　　　　　　　　　B. 设置会计科目和账户
    C. 设置和会计登记账簿　　　　　　D. 编制会计分录

二、多项选择题

1. 在会计账簿登记中,可以用红色墨水记账的有(　　)。
   A. 在不设借贷等栏的多栏式账页中,登记减少数
   B. 按照红字冲账的记账凭证,冲销错误记录
   C. 在三栏式账户的"余额"栏前,如未印明余额方向的,在"余额"栏内登记负数余额
   D. 更正会计科目正确但金额少记的记账凭证

2. 下列关于订本式账簿的表述中,正确的有(　　)。
   A. 订本式账簿是指在账簿启用前,就将编有顺序页码的一定数量账页装订成册的账簿
   B. 订本式账簿一般适用于总分类账、库存现金日记账和银行存款日记账
   C. 同一账簿在同一时间可以由多人记载,便于记账人员分工记账

D. 使用订本式账簿的优点是可以防止账页被抽换,避免账页散失

3. 下列关于库存现金日记账具体登记方法的表述中,正确的有(　　)。
A. 对方科目栏是指库存现金收入的来源科目或支出的用途科目
B. 凭证栏是指登记入账的收、付款凭证种类和编号
C. 日期栏是指记账凭证的日期,它应与库存现金实际收、付日期一致
D. 收入、支出栏是指库存现金实际收、付的金额

4. 下列表述中,错误的有(　　)。
A. 在会计核算中,一般应通过财产清查进行账实核对
B. 多栏式明细账一般适用于资产类账户
C. 因记账凭证错误而造成的账簿记录错误,一定采用红字更正法进行更正
D. 各种日记账、总账,只进行金额核算的资本、债权、债务明细账都可以采用三栏式账簿

5. 下列各项中,需要划双红线的有(　　)。
A. 在"本月合计"的下面   B. 在"本年累计"的下面
C. 在12月月末的"本年累计"的下面   D. 在"本年合计"的下面

6. 结账时,下列做法中,正确的有(　　)。
A. 结出当月发生额的,在"本月合计"下面通栏划单红线
B. 总账账户平时只需要结出月末余额
C. 12月月末,结出全年累计发生额的,在下面通栏划单红线
D. 12月月末,结出全年累计发生额的,在下面通栏划双红线

7. 下列各项中,属于结账程序的有(　　)。
A. 将本期发生的经济业务事项全部登记入账,并保证其正确性
B. 根据权责发生制的要求,调整有关账项,合理确定本期应计的收入和应计的费用
C. 将损益类账户转入"本年利润"账户,结平所有损益类账户
D. 结算出资产、负债和所有者权益账户的本期发生额和余额,并结转下期,作为下期的期初余额

8. 账页的内容包括(　　)。
A. 摘要栏   B. 记账凭证的种类和编号
C. 账户的名称   D. 总页次和分户页次

9. 更正错账时,红字更正法适用于(　　)造成的账簿记录错误。
A. 记账凭证中的会计科目错误
B. 记账凭证完全正确,登记账簿时金额多记
C. 记账凭证中所记金额大于应记金额
D. 记账凭证中的记账方向错误

10. 对于会计账簿的登记要求,下列说法中,正确的有(　　)。
A. 书写不得留空   B. 需注明记账符号
C. 顺序连续登记   D. 不得使用红色墨水登记

11. 下列各项中,属于备查账簿的有(　　)。
A. 应收账款明细账   B. 租入固定资产明细账

C. 受托加工材料登记簿　　　　　　D. 工作人员登记簿

12. 不同类型经济业务的明细分类账可根据管理需要,依据（　　）逐日逐笔登记或定期汇总登记。

A. 原始凭证　　　B. 科目汇总表　　　C. 记账凭证　　　D. 汇总原始凭证

13. 账簿按外形特征不同,可分为（　　）。

A. 订本式账簿　　B. 多栏式账簿　　C. 活页式账簿　　D. 卡片式账簿

14. 下列各账户中,只需反映金额指标的有（　　）。

A. 原材料账户　　B. 实收资本账户　　C. 库存商品账户　　D. 短期借款账户

15. 下列明细账中,一般采用多栏式明细分类账的有（　　）。

A. 应收账款明细账　　　　　　　　B. 库存商品明细账
C. 管理费用明细账　　　　　　　　D. 主营业务收入明细账

16. 下列关于设置和登记账簿作用的表述中,正确的有（　　）。

A. 记载和存储会计信息　　　　　　B. 分类和汇总会计信息
C. 检查和校正会计信息　　　　　　D. 编报和输出会计信息

三、判断题

1. 总分类账主要采用订本式的三栏式账簿。（　　）
2. 登记账簿时,发生的空行、空页一定要补充书写,不得注销。（　　）
3. 年度终了更换并启用新账后,对更换下来的旧账要整理装订,造册归档。旧账装订完毕,应当编制目录和编写移交清单,并按期移交档案部门保管。（　　）
4. 各种日记账、总账,只进行金额核算的资本、债权、债务明细账都可以采用三栏式账簿。（　　）
5. 会计部门的财产物资明细账期末余额与财产物资使用部门的财产物资明细账期末余额相核对,属于账实核对。（　　）
6. 登记账簿要用蓝黑墨水或者碳素墨水书写,也可以使用圆珠笔或者铅笔书写。（　　）
7. 使用订本式账簿时,要为每一账户预留若干空白账页。（　　）
8. 新旧账有关账户之间转记余额,不必填制记账凭证。（　　）
9. 银行存款日记账与银行转来的银行对账单进行核对属于账证核对。（　　）
10. 在结账前应将全部经济业务事项登记入账,不得为了赶编财务报表而提前结账,也不得先编制出财务报表后登记账簿。（　　）
11. 费用明细账一般均采用三栏式账簿。（　　）
12. 补充登记法一般适用于记账后在当年内发现记账凭证和账簿所记会计科目无误,只是所记金额大于应记金额,从而引起的记账错误。（　　）
13. 在日常工作中,错账查找的方法只有差数法和尾数法。（　　）

四、计算分析题

1. 甲企业用银行存款支付行政办公大楼本月租赁费 4 350 元(含增值税,取得增值税普通发票),会计人员填制的付款凭证为借记销售费用 3 900 元,贷记银行存款 3 900 元,并登记入账。

要求：

(1) 说明对该项记账错误应采用的更正方法。

(2) 编制更正错账的会计分录。

2. 甲企业20×8年1月发生的经济业务如下：

(1) 3日，从乙企业购入A材料800千克，单价44元，价款35 200元；购入B材料700千克，单价32元，价款22 400元。货物已验收入库，款项尚未支付。（不考虑增值税，下同）

(2) 6日，从丙企业购入C材料1 000千克，单价40元，货物已验收入库，款项尚未支付。

(3) 12日，生产车间为生产产品领用材料，其中，领用A材料1 200千克，单价44元；领用B材料1 100千克，单价32元。

(4) 21日，向乙企业偿还前欠货款60 000元，向丙企业偿还前欠货款20 000元，用银行存款支付。

(5) 25日，从乙企业购入D材料1 100千克，单价32元，价款已用银行存款支付，货物同时验收入库。

要求：根据资料和总分类账和明细分类账的钩稽关系，将总分类账和明细分类账中空缺的数字填至表7-1和表7-2。

表7-1　　　　　　　　　　　总分类账户

会计科目：应付账款

20×8年		凭证编号	摘要	借方	贷方	借或贷	余额
月	日						
1	1	（略）	月初余额			贷	72 000
1	3	（略）	购入材料		57 600	贷	129 600
1	6	（略）	购入材料		(1)	贷	169 600
1	21	（略）	归还前欠货款	(2)		贷	(3)
1	31	（略）	本月合计		97 600	贷	

表7-2　　　　　　　　　应付账款明细分类账户

明细科目：乙企业

20×8年		凭证编号	摘要	借方	贷方	借或贷	余额
月	日						
1	1	（略）	月初余额			贷	(4)
1	3	（略）	购入材料		(5)	贷	109 600
1	21	（略）	归还前欠货款	60 000		贷	49 600
1	31	（略）	本月合计			贷	

第八章 账务处理程序

【本章学习知识体系】

```
        ┌ 账务处理程序概述 ┬ 账务处理程序的含义与意义(★)
        │                └ 账务处理程序的种类(★★★)
账       │ 记账凭证账务处理程序 ┬ 记账凭证账务处理程序的一般步骤(★★)
务       │                    └ 记账凭证账务处理程序的特点、优缺点与适用范围(★★★)
处       │ 汇总记账凭证     ┬ 汇总记账凭证的编制方法(★★)
理      ─┤ 账务处理程序     ├ 汇总记账凭证账务处理程序的一般步骤(★★)
程       │                 └ 汇总记账凭证账务处理程序的特点、优缺点与适用范围(★★★)
序       │ 科目汇总表       ┬ 科目汇总表的编制方法(★★)
        │ 账务处理程序     ├ 科目汇总表账务处理程序的一般步骤(★★)
        └                 └ 科目汇总表账务处理程序的特点、优缺点与适用范围(★★★)
```

【分节习题必会】

第一节 账务处理程序概述

一、单项选择题

1. ( )是指由填制、审核原始凭证到填制、审核记账凭证,登记日记账、明细分类账和总分类账,编制财务报表的工作程序和方法等。

   A. 账簿组织　　　　　　　　　　B. 记账程序
   C. 会计核算组织程序　　　　　　D. 会计核算形式

2. 记账凭证账务处理程序、汇总记账凭证账务处理程序和科目汇总表账务处理程序的主要区别为登记( )的依据和方法不同。

   A. 库存现金日记账　　　　　　　B. 银行存款日记账
   C. 明细分类账　　　　　　　　　D. 总分类账

二、多项选择题

1. 登记总分类账的依据有( )。

   A. 科目汇总表　　　　　　　　　B. 记账凭证或汇总记账凭证
   C. 银行存款日记账　　　　　　　D. 总账所属的明细账

2. 账务处理程序是指（　　）的结合方式。
A. 会计账簿　　　　　　　　B. 财务报表
C. 会计凭证　　　　　　　　D. 原始凭证

三、判断题

1. 账簿组织是指会计凭证和会计账簿的种类、格式，会计凭证与账簿之间的联系方法。
（　　）
2. 科目汇总表账务处理程序又称记账凭证汇总表账务处理程序。（　　）

第二节　记账凭证账务处理程序

一、单项选择题

1. 甲公司业务量不大，在对其进行会计检查时，从其"库存商品"总账上发现现收 7 号凭证有漏记销售收入的嫌疑。由此可判断该公司采用的是（　　）。
A. 记账凭证账务处理程序　　　　B. 多栏式日记账账务处理程序
C. 科目汇总表账务处理程序　　　D. 汇总记账凭证账务处理程序

2. 下列关于记账凭证账务处理程序的说法中，错误的是（　　）。
A. 根据记账凭证逐笔登记总分类账，是最基本的账务处理程序
B. 简单明了、易于理解，总分类账可以较详细地反映经济业务的发生情况
C. 登记总分类账的工作量较大
D. 适用于规模较大、经济业务量较多的单位

二、多项选择题

1. 下列各项中，属于记账凭证账务处理程序优点的有（　　）。
A. 具有试算平衡的作用，有利于保证总账登记的正确性
B. 登记总分类账的工作量较小
C. 简单明了，易于理解
D. 总分类账可以较详细地反映经济业务的发生情况

2. 下列各项中，属于在记账凭证账务处理程序下应设置的有（　　）。
A. 收款凭证、付款凭证、转账凭证或通用记账凭证
B. 科目汇总表或汇总记账凭证
C. 总分类账和若干明细分类账
D. 库存现金和银行存款日记账

三、判断题

1. 记账凭证账务处理程序适用于规模较大、经济业务较复杂的企业。（　　）
2. 记账凭证账务处理程序是指对发生的经济业务，先根据原始凭证或汇总原始凭证填制记账凭证，再直接根据记账凭证登记总分类账的一种账务处理程序。（　　）

第三节 汇总记账凭证账务处理程序

一、单项选择题

1. 下列各项中,不属于汇总记账凭证账务处理程序步骤的是( )。
   A. 根据各种记账凭证编制有关汇总记账凭证
   B. 根据各种记账凭证编制科目汇总表
   C. 根据原始凭证填制汇总原始凭证
   D. 根据总分类账和明细分类账的记录,编制财务报表

2. 汇总记账凭证账务处理程序的适用范围是( )。
   A. 规模较小、经济业务较少的单位　　B. 规模较大、经济业务较少的单位
   C. 规模较大、经济业务较多的单位　　D. 规模较小、经济业务较多的单位

二、多项选择题

1. 下列各项中,属于在汇总记账凭证账务处理程序下应设置的有( )。
   A. 收款凭证、付款凭证和转账凭证
   B. 总分类账
   C. 汇总收款凭证、汇总付款凭证和汇总转账凭证
   D. 库存现金日记账和银行存款日记账

2. 汇总记账凭证分为( )。
   A. 汇总收款凭证　　B. 汇总付款凭证　　C. 汇总记账凭证　　D. 汇总转账凭证

3. 下列关于汇总记账凭证编制的资料来源的说法中,正确的有( )。
   A. 汇总收款凭证应分别按照"库存现金""银行存款"账户的借方编制,并按其对应的贷方账户归类、汇总
   B. 汇总付款凭证应分别按照"库存现金""银行存款"账户的贷方编制,并按其对应的借方账户归类、汇总
   C. 汇总付款凭证应分别按照"库存现金""银行存款"账户的借方编制,并按其对应的贷方账户归类、汇总
   D. 汇总收款凭证应分别按照"库存现金""银行存款"账户的贷方编制,并按其对应的借方账户归类、汇总

三、判断题

1. 采用汇总记账凭证账务处理程序,增加了填制汇总记账凭证的工作程序,增加了总账的登记工作量。 ( )

2. 汇总记账凭证账务处理程序的缺点是当转账凭证较多时,编制汇总转账凭证的工作量较大,并且按每一贷方账户编制汇总转账凭证,不利于会计核算的日常分工。 ( )

第四节 科目汇总表账务处理程序

一、单项选择题

1. 下列关于科目汇总表账务处理程序的表述中,正确的是( )。
   A. 可以减轻登记总分类账的工作量
   B. 无法实现发生额试算平衡
   C. 适用于业务量较小的单位
   D. 可以反映各账户的对应关系

2. 下列各项中,不属于科目汇总表账务处理程序步骤的是( )。
   A. 根据原始凭证、汇总原始凭证和记账凭证,登记各种明细分类账
   B. 期末根据总分类账和明细分类账的记录,编制财务报表
   C. 根据科目汇总表登记总分类账
   D. 根据各种记账凭证编制汇总记账凭证

3. 科目汇总表的汇总范围是( )。
   A. 全部账户的借、贷方发生额和余额
   B. 全部账户的借、贷方余额
   C. 全部账户的借、贷方发生额
   D. 汇总收款凭证、汇总付款凭证和汇总转账凭证的合计数

4. 科目汇总表账务处理程序的特点是( )。
   A. 根据汇总记账凭证登记总分类账
   B. 根据记账凭证直接登记总分类账
   C. 根据记账凭证逐笔登记日记账
   D. 根据科目汇总表登记总分类账

二、多项选择题

1. 各种账务处理程序的相同之处表现为( )。
   A. 根据原始凭证或原始凭证汇总表填制记账凭证
   B. 根据原始凭证填制汇总原始凭证
   C. 根据记账凭证和有关的原始凭证或原始凭证汇总表登记各种明细账
   D. 根据总账和明细账的记录编制财务报表

2. 本年3月,甲公司"原材料"总分类账户的借方发生额为17 600元,涉及的3张记账凭证分别是:1号付款凭证"原材料"总分类账户的借方发生额为6 000元,10号付款凭证"原材料"总分类账户的借方发生额为4 000元,5号转账凭证"原材料"总分类账户借方发生额为7 600元,下列表述正确的有( )。
   A. 甲公司若采用记账凭证账务处理程序,"原材料"总分类账户3月的借方登记次数为1次,金额为17 600元
   B. 甲公司若采用记账凭证账务处理程序,"原材料"总分类账户3月的借方登记次数为3次,金额分别为6 000元、4 000元和7 600元
   C. 甲公司若采用科目汇总表账务处理程序且采用全月一次汇总法,"原材料"总分类账

户 3 月的借方登记次数为 1 次,金额为 7 600 元

D. 甲公司若采用科目汇总表账务处理程序且采用全月一次汇总法,"原材料"总分类账户 3 月的借方登记次数为 3 次,金额分别为 6 000 元、4 000 元和 7 600 元

3. 各种账务处理程序下,登记明细账的依据可能有(　　)。
A. 原始凭证　　　B. 汇总原始凭证　　　C. 记账凭证　　　D. 汇总记账凭证

三、判断题

1. 记账凭证账务处理程序、汇总记账凭证账务处理程序和科目汇总表账务处理程序的一般步骤中都包括根据原始凭证或汇总原始凭证填制收款凭证、付款凭证和转账凭证,也可以填制通用记账凭证。　　　　　　　　　　　　　　　　　　　　　　(　　)

2. 科目汇总表能够反映各个账户的借方本期发生额和贷方本期发生额,不反映各个账户之间的对应关系。　　　　　　　　　　　　　　　　　　　　　　　　　　(　　)

【本章习题必练】

一、单项选择题

1. 下列关于科目汇总表账务处理程序的描述中,错误的是(　　)。
A. 不能反映各个账户之间的对应关系
B. 根据科目汇总表登记总分类账
C. 只反映各个账户的借方本期发生额和贷方本期发生额,不反映各个账户之间的对应关系
D. 科目汇总表的编制手续复杂,所以只适用于小规模、业务少的企业

2. 下列各项中,不属于汇总记账凭证账务处理程序步骤的是(　　)。
A. 根据原始凭证、汇总原始凭证填制记账凭证
B. 根据各种记账凭证编制有关汇总记账凭证
C. 根据记账凭证逐笔登记总分类账
D. 根据各汇总记账凭证登记总分类账

3. 汇总记账凭证账务处理程序(　　)。
A. 不能清楚地反映各账户之间的对应关系
B. 能够清楚地反映各账户之间的对应关系
C. 能够综合反映企业所有的经济业务
D. 能够序时反映企业所有的经济业务

4. 各种账务处理程序之间的主要区别在于(　　)。
A. 编制财务报表的依据不同　　　B. 登记总账的依据和方法不同
C. 会计凭证的类别不同　　　　　D. 总账的格式不同

5. 下列各项中,属于科目汇总表账务处理程序缺点的是(　　)。
A. 不能进行试算平衡
B. 不便于会计核算分工
C. 会计科目数量限制

D. 不能反映各个账户的对应关系

6. 为了简化登记总分类账的工作,需要定期将记账凭证分别编制汇总收款凭证、汇总付款凭证和汇总转账凭证,并据此登记总分类账的账务处理程序是（　　）。

A. 汇总记账凭证账务处理程序

B. 科目汇总表账务处理程序

C. 记账凭证账务处理程序

D. 三种账务处理程序均可

7. 下列各项中,属于科目汇总表账务处理程序与汇总记账凭证账务处理程序共同优点的是（　　）。

A. 总括反映同类经济业务

B. 简化总分类账登记工作

C. 进行所有科目发生额的试算平衡

D. 保持科目之间的对应关系

8. 根据科目汇总表登记总分类账,在简化登记总分类账工作的同时也起到了（　　）的作用。

A. 简化财务报表的编制　　　　　　B. 反映账户对应关系

C. 简化明细账工作　　　　　　　　D. 发生额试算平衡

二、多项选择题

1. 下列各项中,可以作为登记总分类账依据的有（　　）。

A. 原始凭证　　　B. 记账凭证　　　C. 科目汇总表　　　D. 汇总记账凭证

2. 科目汇总表账务处理程序下不需要编制或者填制（　　）。

A. 科目汇总表　　B. 汇总收款凭证　C. 汇总付款凭证　　D. 记账凭证

3. 下列关于汇总记账凭证账务处理程序的说法中,错误的有（　　）。

A. 登记总分类账的工作量大

B. 不能体现账户之间的对应关系

C. 明细账与总分类账无法核对

D. 当转账凭证较多时,汇总转账凭证的编制工作量较大

4. 在常见的几种账务处理程序中,共同的账务处理工作有（　　）。

A. 均应填制和取得原始凭证　　　　B. 均应填制记账凭证

C. 均应填制汇总记账凭证　　　　　D. 均应设置和登记总账

5. 下列各项中,属于汇总记账凭证账务处理程序一般步骤的有（　　）。

A. 根据原始凭证编制原始凭证汇总表

B. 根据收付款逐笔登记库存现金日记账和银行存款日记账

C. 根据各种记账凭证分别编制汇总收款凭证和汇总转账凭证

D. 根据原始凭证编制原始凭证汇总表

6. 在科目汇总表账务处理程序下,记账凭证是（　　）的依据。

A. 登记库存现金日记账　　　　　　B. 编制科目汇总表

C. 登记明细分类账　　　　　　　　D. 登记总分类账

7. 下列各项中,属于各种账务处理程序的相同点的有（　　）。

A. 根据原始凭证填制汇总原始凭证
B. 根据原始凭证或汇总原始凭证填制记账凭证
C. 根据收、付款凭证登记库存现金日记账和银行存款日记账
D. 根据总账和明细账的记录编制财务报表

三、判断题

1. 科目汇总表账务处理程序只适用于经济业务不太复杂的中小型单位。（　　）
2. 记账凭证账务处理程序适用于规模较大、经济业务较多的单位。（　　）
3. 在不同的账务处理程序中,登记总账的依据相同。（　　）
4. 汇总记账凭证账务处理程序特别适用于转账业务少,而收、付款业务较多的单位。（　　）
5. 汇总记账凭证账务处理程序是会计核算中最基本的会计账务处理程序,其他会计账务处理程序都是在它的基础上演变来的。（　　）
6. 任何账务处理程序的第一步都必须是将所有的原始凭证汇总填制为汇总原始凭证。（　　）
7. 采用任何账务处理程序,月末时都是根据总分类账和明细分类账的记录,编制财务报表。（　　）
8. 会计凭证、会计账簿、财务报表之间的结合方式不同,构成不同的账务处理程序。（　　）
9. 为了便于编制汇总转账凭证,要求所有的转账凭证也应按一个借方科目与一个或几个贷方科目的对应关系来填制,不应填制一个贷方科目与几个借方科目相对应的转账凭证。（　　）
10. 在各种账务处理程序下,其登记库存现金日记账的直接依据都是相同的。（　　）
11. 科目汇总表的编制方法是根据一定时期内的全部记账凭证,按照会计科目进行归类,定期汇总出每一个账户的借方本期发生额和贷方本期发生额,填写在科目汇总表的相关栏内。（　　）

四、计算分析题

甲企业对购进的原材料采用实际成本法核算,20×8年7月1日至10日发生下列经济业务:

(1) 1日,从银行提取库存现金2 000元备用。
(2) 2日,从光明工厂购进甲材料一批,已验收入库,取得的增值税专用发票注明价款10 000元,增值税额1 300元,款项尚未支付。
(3) 2日,销售给海丰工厂A产品一批,开具的增值税专用发票注明价款200 000元,增值税额26 000元,款项尚未收到。
(4) 3日,厂部的小胡出差,借支差旅费1 000元,以库存现金付讫。
(5) 4日,车间领用甲材料一批,其中,用于B产品生产6 000元,用于车间一般消耗是1 000元。
(6) 5日,销售给润泽公司C产品一批,开具的增值税专用发票注明价款40 000元,增

值税额为 5 200 元,款项尚未收到。

(7) 5 日,从吉祥公司购进乙材料一批,取得的增值税专用发票注明价款 16 000 元,增值税额 2 080 元,材料已运达企业但尚未验收入库,款项尚未支付。

(8) 7 日,接到银行通知,收到海丰工厂前欠货款 226 000 元,已经办妥入账。

(9) 8 日,通过银行转账支付 5 日所欠吉祥公司的购料款 18 080 元。

(10) 10 日,购入电脑一台,取得的增值税专用发票注明价款 16 000 元,增值税额 2 080 元,签发一张转账支票支付。

要求:根据以上经济业务,完成科目汇总表的编制,如表 8-1 所示。

表 8-1　　　　　　　　　　　　科目汇总表
20×8 年 7 月 1 日至 10 日　　　　　　　　　　　　单位:元

会计科目	借方发生额	贷方发生额
库存现金	2 000	1 000
银行存款	226 000	(1)
应收账款	(2)	226 000
原材料	10 000	7 000
在途物资	16 000	—
生产成本	6 000	—
其他应收款	1 000	—
固定资产	16 000	—
主营业务收入	—	(3)
制造费用	1 000	—
应交税费	(4)	31 200
应付账款	18 080	(5)
合　计	572 740	572 740

第九章 财产清查

【本章学习知识体系】

【分节习题必会】

第一节 财产清查概述

一、单项选择题

1. 按照预先计划安排的时间对财产进行的盘点和核对是(   )。
   A. 定期清查   B. 全面清查   C. 局部清查   D. 不定期清查
2. 下列表述中,正确的是(   )。
   A. 对于库存现金,每日终了,应由出纳人员进行清点核对
   B. 对于银行存款,应日清月结
   C. 对于贵重物品,每天应盘点一次
   D. 对于债权、债务类财产物资,每年至少核对 2~3 次

二、多项选择题

1. 在财产清查过程中,造成账实不符的原因有(   )。
   A. 财产物资在收发过程中,由于计量、检验不准确,造成多收或少收的差错、品种或质量上的差错
   B. 在会计凭证及账簿中发生漏记、重记、错记和计算上的错误

87

C. 财产物资在保管过程中发生的合理损耗和自然损耗

D. 由于管理不善、制度不严等造成财产物资的损坏、变质和被盗等

2. 下列各项中,其财产清查属于外部清查的有( )。

A. 更换出纳时交接手续中清点库存现金

B. 企业主要领导离任时上级主管部门的清查

C. 发生自然灾害后对受损财产物资的清查

D. 企业进行清产核资时注册会计师审计清查

3. 甲企业本月月初库存 A 材料 100 千克,单位成本 160 元;本月购入 A 材料 700 千克,单位成本 160 元;本期生产领用 A 材料 300 千克,期末经实地盘点,A 材料实存 450 千克,下列表述正确的有( )。

A. 永续盘存制下本月领用 A 材料的成本为 48 000 元

B. 永续盘存制下 A 材料的账面余额为 80 000 元

C. 实地盘存制下本月领用 A 材料的成本为 56 000 元

D. 永续盘存制下 A 材料盘亏 8 000 元,若系收发计量错误,应计入管理费用

4. 财产清查是通过企业对财产物资进行盘点或核对,确定其实存数,查明账存数与实存数是否相符的一种专门方法。下列各项中,属于财产清查对象的有( )。

A. 货币资金 B. 实物资产 C. 往来款项 D. 营业收入

三、判断题

1. 财产清查时,应当本着先清查质量、核对有关账簿记录等,后认定数量的原则进行。 ( )

2. 定期财产清查一般是在年末进行。 ( )

3. 审计机关、注册会计师等对单位进行外部财产清查时,本单位的人员应该回避。 ( )

4. 注册会计师对企业审计时清点部分存货属于局部的内部清查。 ( )

5. 单位会计机构负责人调离工作前需要进行全面的财产清查。 ( )

6. 定期财产清查可以是全面清查,也可以是局部清查。 ( )

第二节 财产清查的方法

一、单项选择题

1. 企业对库存现金进行盘点时,下列人员中,必须在场的是( )。

A. 记账人员 B. 出纳人员 C. 单位领导 D. 会计主管

2. 下列说法中,错误的是( )。

A. 未达账项不是错账、漏账

B. 未达账项应在银行存款余额调节表中进行调节

C. 银行存款余额调节表不能作为账务处理的依据

D. 对未达账项调节后,企业银行存款日记账余额与银行对账单余额一定会一致

3. 在财产清查中填制的实存账存对比表是( )。
   A. 登记总分类账的直接依据　　B. 调整账簿记录的记账凭证
   C. 调整账簿记录的原始凭证　　D. 登记日记账的直接依据
4. 对往来款项进行清查,应当采用的方法是( )。
   A. 技术推算法　　　　　　　　B. 与银行核对账目法
   C. 实地盘存法　　　　　　　　D. 发函询证法
5. 对库存现金进行盘点时,下列说法中,不正确的是( )。
   A. 清查库存现金实存数,并与库存现金日记账的账面余额核对
   B. 针对盘点结果,应填制库存现金盘点报告表
   C. 由清查小组每日清点库存现金的实有数,并与库存现金日记账的余额进行核对
   D. 应当检查库存现金管理制度的遵守情况

二、多项选择题

1. 下列各项中,可以作为调整账簿记录的直接依据的有( )。
   A. 库存现金盘点报告表　　　　B. 盘存单
   C. 实存账存对比表　　　　　　D. 银行存款余额调节表
2. 下列各项中,属于实物资产清查中常用方法的有( )。
   A. 核对账目法　　　　　　　　B. 实地盘点法
   C. 技术推算法　　　　　　　　D. 查询核实法
3. 下列关于往来款项清查的表述中,正确的有( )。
   A. 往来款项的清查主要是对应收、应付款项和预收、预付款项等的清查
   B. 往来款项的清查一般采用向对方单位发函询证的方法进行核对
   C. 在保证往来款项账户记录完整正确的基础上,编制往来款项对账单寄送各往来单位
   D. 收到对方往来单位回单后,应据此编制调整有关往来款项账户记录
4. 下列未达账项中,会使本企业银行存款日记账余额大于银行对账单余额的有( )。
   A. 企业已收款记账、银行未收款未记账
   B. 银行已收款记账、企业未收款未记账
   C. 银行已付款记账、企业未付款未记账
   D. 企业已付款记账、银行未付款未记账

三、判断题

1. 未达账项是指银行已经入账,而企业因未接到有关凭证而尚未入账的账项。( )
2. 盘存单需经盘点人和实物保管人共同签字或盖章方有效。( )
3. 往来款项清查中,根据对方单位核对盖章后退回的回单联编制的往来款项清查报告单,是企业会计人员据以调整账簿记录的原始凭证。( )
4. 对于露天堆放的煤炭等实物资产应采用技术推算法清查。( )

第三节 财产清查结果的处理

一、单项选择题

1. 企业财产清查中,发现的固定资产盘盈,应当按照(　　)计量属性确定其入账价值。
   A. 历史成本　　　　B. 重置成本　　　　C. 公允价值　　　　D. 净值
2. 当发现无法查明原因的库存现金溢余时,经批准后,借记(　　)科目。
   A. "待处理财产损溢"　　　　　　　B. "营业外收入"
   C. "其他应收款"　　　　　　　　　D. "管理费用"

二、多项选择题

1. 企业清查中发现的库存现金短款,在审批前可能涉及的账户有(　　)。
   A. "待处理财产损溢"　　　　　　　B. "营业外支出"
   C. "库存现金"　　　　　　　　　　D. "管理费用"
2. 企业的库存材料发生盘亏或毁损,应先记入"待处理财产损溢"账户,待查明原因后按情况可分别计入(　　)。
   A. 管理费用　　　　　　　　　　　B. 营业外支出
   C. 财务费用　　　　　　　　　　　D. 其他应收款

三、判断题

1. 盘盈的固定资产应该通过"待处理财产损溢"账户核算。(　　)
2. "待处理财产损溢"账户的借方登记批准前财产物资的盘盈额,贷方登记批准前财产物资的盘亏额。(　　)
3. 由于债权人注销等原因无法支付的应付账款,经批准后,应借记"应付账款"科目,贷记"待处理财产损溢"科目。(　　)
4. 企业清查中发现的各种财产损溢,应在期末结账前处理完毕,因此,"待处理财产损溢"账户期末必然无余额。(　　)

【本章习题必练】

一、单项选择题

1. 在清查中填制的库存现金盘点报告表兼有实存账存对比表的作用,是反映库存现金实存数和(　　)。
   A. 登记总分类账的直接依据　　　　B. 登记日记账的直接依据
   C. 调整账簿记录的原始凭证　　　　D. 调整账面记录的记账凭证
2. 对实物资产的盘点结果,企业应编制并据以调整账面记录的原始凭证是(　　)。
   A. 盘存单　　　　　　　　　　　　B. 实存账存对比表
   C. 出库单　　　　　　　　　　　　D. 领料单

3. 下列记录中,可以作为调整账面数字的原始凭证的是(   )。
   A. 盘存单　　　　　　　　　　　B. 实存账存对比表
   C. 银行存款余额调节表　　　　　D. 往来款项对账单
4. 对银行存款进行清查时,下列各项中,应与银行对账单逐笔核对的是(   )。
   A. 银行存款总账　　　　　　　　B. 银行存款日记账
   C. 库存现金日记账　　　　　　　D. 银行支票备查簿
5. 库存商品盘点时发现盘亏,下列关于应借记科目的表述中,正确的是(   )。
   A. "待处理财产损溢"　　　　　　B. "库存商品"
   C. "其他应收款"　　　　　　　　D. "管理费用"
6. 对应收账款进行清查时,应采用的方法是(   )。
   A. 与记账凭证核对　　　　　　　B. 发函询证法
   C. 实地盘点法　　　　　　　　　D. 技术推算法
7. 甲企业在遭受洪灾后,对其受损的财产物资进行的清查,属于(   )。
   A. 局部清查和定期清查　　　　　B. 全面清查和定期清查
   C. 局部清查和不定期清查　　　　D. 全面清查和不定期清查
8. 库存现金清查中发现的溢余应首先通过(   )账户核算。
   A. "其他应收款"　　　　　　　　B. "其他应付款"
   C. "待处理财产损溢"　　　　　　D. "营业外收入"
9. 存货清查中,盘亏与毁损的存货,由于自然灾害等原因造成的,在扣除残料价值和应由保险公司、过失人赔款后的净损失,经批准,计入(   )。
   A. 营业外支出　　　　　　　　　B. 管理费用
   C. 其他应收款　　　　　　　　　D. 销售费用
10. 对于库存现金以及原材料、库存商品的清查应采用的方法是(   )。
    A. 实地盘点法　　　　　　　　　B. 技术推算法
    C. 账账核对法　　　　　　　　　D. 账实核对法
11. 对于应收账款进行清查应采用的方法是(   )。
    A. 技术推算法　　　　　　　　　B. 实地盘点法
    C. 发函询证法　　　　　　　　　D. 抽查法
12. 企业银行存款日记账与开户行提供的银行对账单核对,是通过编制银行存款余额调节表进行的。假如双方的账簿记录都没有发生差错,则调整后(   )。
    A. 企业银行存款日记账余额一般应该小于银行对账单余额
    B. 双方不可能相等
    C. 双方应该相等
    D. 企业银行存款日记账余额一般应该大于银行对账单余额
13. 企业在进行库存现金清查时,查出库存现金盘盈,并将盘盈数记入"待处理财产损溢"账户。后经进一步核查,无法查明原因,经批准后,对该库存现金盘盈正确的会计处理方法是(   )。
    A. 将其从"待处理财产损溢"账户转入"管理费用"账户
    B. 将其从"待处理财产损溢"账户转入"营业外收入"账户
    C. 将其从"待处理财产损溢"账户转入"其他应付款"账户

D. 将其从"待处理财产损溢"账户转入"其他应收款"账户

14. 存货清查中,经批准应冲减管理费用的是( )。
A. 因计量差错造成的存货盘亏
B. 因合理损耗造成的存货短缺
C. 因收发计量错误造成的存货盘盈
D. 因经营不善造成的存货盘亏

15. 对库存现金的清查应采用的方法是( )。
A. 实地盘点法   B. 技术推算法
C. 倒挤法   D. 抽查法

16. 甲企业本期期末盘亏原材料原因已经查明,属于自然损耗,经批准后,会计人员应编制的会计分录为( )。
A. 借：待处理财产损溢   B. 借：待处理财产损溢
    贷：原材料   贷：管理费用
C. 借：管理费用   D. 借：营业外支出
    贷：待处理财产损溢   贷：待处理财产损溢

17. 对企业与其开户银行之间的未达账项,进行账务处理的时间是( )。
A. 编制好银行存款余额调节表时   B. 查明未达账项时
C. 收到银行对账单时   D. 实际收到有关结算凭证时

18. 出纳人员对经管的货币资金做到"日清月结"属于( )。
A. 定期的全面清查   B. 不定期的全面清查
C. 定期的局部清查   D. 不定期的局部清查

二、多项选择题

1. 下列各项中,属于计提坏账的方法的有( )。
A. 应收账款余额百分比法   B. 账龄分析法
C. 赊销百分比法   D. 加权平均法

2. 下列关于实物资产清查的表述中,正确的有( )。
A. 在对实物资产的清查中,实物保管人员应自始至终在场
B. 绝大部分实物资产都可以采用实地盘点法进行清查
C. 清查时填写清查结果的盘存单是用于调整账簿记录的原始凭证
D. 对于盘点结果,应如实登记盘存单,并由盘点人和实物保管人员签字或盖章,以明确各相关人员的经济责任

3. 财产清查结果的处理要求包括( )。
A. 查明盘盈盘亏产生的原因   B. 建立和健全财产管理制度
C. 积极处理积压财产   D. 对财产盘盈盘亏作出账务处理

4. 库存现金清查时发现库存现金短款,如果属于无法查明原因的,经批准处理时可能涉及的账户有( )。
A. "管理费用"   B. "其他应付款"
C. "其他应收款"   D. "待处理财产损溢"

5. 在"待处理财产损溢"账户借方登记的内容有（ ）。
   A. 批准前财产物资的盘亏、毁损额
   B. 批准转销的财产物资盘盈额
   C. 批准前财产物资的盘盈额
   D. 批准转销的财产物资盘亏、毁损额

6. 下列关于财产局部清查特点的表述中,正确的有（ ）。
   A. 清查范围小   B. 清查内容少
   C. 涉及的人员较少   D. 专业性不强

7. 由于仓库保管员变动,应对其保管的全部存货进行盘点,这种清查属于（ ）。
   A. 全面清查   B. 局部清查
   C. 定期清查   D. 不定期清查

8. 下列各项财产损溢情况中,经批准后在账务处理时可增减管理费用的有（ ）。
   A. 存货盘盈
   B. 管理不善等原因造成的库存现金短款净损失
   C. 材料自然损耗
   D. 固定资产盘亏净损失

9. 下列说法中,正确的有（ ）。
   A. 对于库存现金,每日终了,应由出纳人员进行清点核对
   B. 对于银行存款,企业至少每月同银行核对一次
   C. 对于贵重财产物资,每月都要清查盘点一次
   D. 对于债权、债务类财产物资,企业应每年至少同债权人、债务人核对一至两次

三、判断题

1. 企业清查的各种财产的损溢,如果在期末结账前尚未经批准,在对外提供财务报表时,先不作任何处理。（ ）
2. 财产清查按照清查的时间不同,可分为定期清查和不定期清查。（ ）
3. 在财产清查结果处理建议得到审批之前,应根据清查结果报告表、盘点报告表等已经查实的数据资料,填制记账凭证,记入有关账簿,使账簿记录与实际盘存数相符。（ ）
4. 在应收账款余额百分比法下,坏账准备的期末余额应该等于期末应收账款余额乘以计提坏账准备的比例。（ ）
5. 不定期清查是指根据实际需要对财产进行的临时性清查,只适用于局部清查。（ ）
6. 通过财产清查,可以挖掘财产物资的潜力,充分利用财产物资,加速资金周转。（ ）
7. 外部清查是指由上级主管部门、审计机关、司法部门、注册会计师等外部的有关部门或人员根据国家有关规定或情况需要对本单位所进行的财产清查。一般来讲,进行外部清查时应有本单位相关人员参加。（ ）
8. 技术推算法适用于露天堆放的煤炭、砂石等财产物资的清查。（ ）

9. 全面清查由于清查范围大、内容多、工作量大、时间长、参与人员多,宜经常进行。
( )
10. 账实不符是财产管理不善或会计人员水平不高的结果。 ( )

四、计算分析题

1. 甲企业为增值税一般纳税人,其生产的产品适用的增值税税率为13%,本年7月该企业发生如下经济业务:

(1) 本月生产完工验收入库甲产品1 500件,实际单位成本为400元。产成品已入库。

(2) 本月销售甲产品300件,每件售价600元(不含增值税),款项已收到并送存银行。

(3) 月末对存货进行清查,发现原材料A盘盈50千克,单价为每千克40元;原材料B盘亏5个,每个成本为2 000元,原材料B在之前的购买当期取得增值税专用发票并已经抵扣增值税(适用的增值税税率为13%)。经查,原材料A的盘盈未查明原因,原材料B盘亏是保管员工作失误引起,全部损失应由责任人张某赔偿,赔偿本月尚未收到。

(4) 企业本月因仓库保管人员李某管理不善导致一座仓库发生火灾,内有一批原材料A被烧毁,其成本为12 000元,该批原材料A在购买当期取得增值税专用发票并已经抵扣增值税(适用的增值税税率为13%),根据保险合同的规定和仓库保管人员责任认定,保险公司应赔偿6 000元,仓库保管人员李某应赔偿2 000元,并于当月末收到相关赔款并存入银行。

要求:根据上述资料(1)~(4)作出相关会计分录。

2. 甲公司财产清查中发现如下问题(假定都不考虑增值税和递延所得税等因素):

(1) 盘盈库存现金40 000元,经查明,其中,24 000元属于应支付给其他公司的违约金,剩余盘盈金额无法查明原因。

(2) 盘亏设备1台,原值为160 000元,已提折旧100 000元。经查明,需要过失人赔偿10 000元,已批准进行处理。

(3) 库存现金短款104元,属于出纳人员的责任,尚未收到赔款。

(4) 某产品盘盈200千克,单位成本为20元,共计4 000元。经查该项盘盈属于收发计量错误造成。

(5) 盘亏材料20 000元,可以收回的保险赔偿和过失人赔款合计10 000元,剩余的净损失中有6 000元属于非常损失,4 000元属于自然损耗。

(6) 发现1台未入账设备,其重置成本为96 000元。

(7) 应付给乙公司的材料款117 000元,由于乙公司已注销,无法支付该笔款项,报经批准后按规定转销。

(8) 应收丙公司销货款200 000元,已经计提坏账准备20 000元。由于丙公司经营不善,只能收到其通过银行转账清偿款190 000元存入银行,其余款项确定无法收回,经批准转作坏账处理。

要求:编制上述业务批准处理前后的相关会计分录。

3. 甲公司20×8年8月31日银行对账单的余额为560 000元,企业银行存款日记账的余额为352 900元,8月甲公司与银行往来的有关资料如下:

(1) 8月31日,甲公司收到购货方转账支票一张,金额为62 800元,已经送存银行,但银行尚未入账。

(2) 甲公司当月水电费 2 680 元,银行已代为支付,但甲公司未接到通知,尚未入账。

(3) 甲公司当月开出支付供货方的转账支票,尚有 97 260 元未兑现。

(4) 甲公司送存银行的某客户转账支票 24 680 元,银行尚未办妥划款手续尚未入账。

(5) 甲公司委托银行代收的款项 200 000 元,银行已转入甲公司的存款户,但甲公司尚未收到通知尚未入账。

假定经过银行存款余额调节表调节后,双方的余额相等。

要求:请代甲公司编制银行存款余额调节表,如表 9-1 所示。

表 9-1 　　　　　　　　　银行存款余额调节表

编制单位:甲公司　　　　　20×8 年 8 月 31 日　　　　　单位:元

项目	金额	项目	金额
企业银行存款日记账余额	352 900	银行对账单余额	560 000
加:银行已收、企业未收的款项合计	(1)(　　)	加:企业已收、银行未收的款项合计	(4)(　　)
减:银行已付、企业未付的款项合计	(2)(　　)	减:企业已付、银行未付的款项合计	97 260
调节后的存款余额	(3)(　　)	调节后的存款余额	(5)(　　)

4. 甲公司 20×8 年 12 月进行财产清查,发现如下情况:

(1) 甲材料账面余额为 4 200 千克,单价为 10 元/千克,共计 42 000 元,实存数为 4 110 千克,盘亏 90 千克;经查是管理不善造成的。

(2) 盘亏机器设备 1 台,其账面原值 2 400 元,已计提折旧 1 800 元。

假定不考虑相关税费,根据以上内容,完成下题:

(1) 对于经济业务(1),正确的会计分录是(　　)。

A. 借:待处理财产损溢　　　　　　　　　　　　　　　　　　　900
　　　贷:原材料　　　　　　　　　　　　　　　　　　　　　　　900

B. 借:营业外支出　　　　　　　　　　　　　　　　　　　　　　900
　　　贷:待处理财产损溢　　　　　　　　　　　　　　　　　　　900

C. 借:管理费用　　　　　　　　　　　　　　　　　　　　　　　900
　　　贷:原材料　　　　　　　　　　　　　　　　　　　　　　　900

D. 借:其他业务支出　　　　　　　　　　　　　　　　　　　　　900
　　　贷:原材料　　　　　　　　　　　　　　　　　　　　　　　900

(2) 对于盘亏的机器设备,应借记"待处理财产损溢——待处理非流动资产损溢"科目(　　)元。

A. 1 800　　　　B. 600　　　　C. 2 400　　　　D. 4 200

5. 甲公司 20×8 年 12 月 31 日银行存款日记账余额为 260 000 元,银行对账单的余额为 220 000 元,经过双方逐笔核对后,发现存在以下未达账项。

(1) 甲公司因采购材料开出转账支票一张,金额为 4 000 元,甲公司已入账,但持票人尚未到银行办理转账手续。

(2) 甲公司因销售商品收到购货方开来的转账支票一张,金额为 10 000 元,将支票送存银行后公司做收入入账,但是银行尚未办理入账手续。

(3) 甲公司送存银行的某客户转账支票 40 000 元,因对方存款不足而退票,甲公司未接到通知。

(4) 甲公司委托银行代收外地销货款 8 000 元,银行已收款入账,但甲公司尚未收到收款通知。

(5) 银行代为支付本月电话费 2 000 元,已入账,但是甲公司尚未收到付款通知。

要求:根据上述资料,完成银行存款余额调节表的编制,如表 9-2 所示。

表 9-2　　　　　　　　　　银行存款余额调节表

编制单位:甲公司　　　　　20×8 年 12 月 31 日　　　　　　　　　　单位:元

项　目	金　额	项　目	金　额
企业银行存款日记账余额	260 000	银行对账单余额	220 000
加:银行已收、企业未收的款项合计	8 000	加:企业已收、银行未收的款项合计	(3)(　)
减:银行已付、企业未付的款项合计	(1)(　)	减:企业已付、银行未付的款项合计	(4)(　)
调节后的存款余额	(2)(　)	调节后的存款余额	(5)(　)

第十章 财务报告

【本章学习知识体系】

```
                 ┌ 财务报告概述 ┬ 财务报告的含义与财务报表的分类(★)
                 │              ├ 财务报表编制的基本要求(★★)
                 │              └ 财务报表编制前的准备工作(★★)
                 │
 财务            │              ┌ 资产负债表的含义与作用(★★)
 报告 ───────────┤ 资产负债表 ──┼ 资产负债表的列示要求(★★)
                 │              ├ 我国企业资产负债表的一般格式(★★)
                 │              └ 资产负债表编制的基本方法(★★★)
                 │
                 │              ┌ 利润表的含义与作用(★★)
                 └ 利润表 ──────┼ 利润表的列示要求(★★)
                                ├ 我国企业利润表的一般格式(★★)
                                └ 利润表编制的基本方法(★★★)
```

【分节习题必会】

第一节 财务报告概述

一、单项选择题

1. 除了( )按照收付实现制编制,企业应当按照权责发生制编制其他财务报表。
   A. 资产负债表
   B. 利润表
   C. 现金流量表
   D. 所有者权益变动表

2. 反映企业在某一特定日期的财务状况的财务报表是( )。
   A. 现金流量表
   B. 资产负债表
   C. 基本财务报表
   D. 基本财务报表及附注

二、多项选择题

1. 一套完整的财务报表至少应当包括( )。
   A. 资产负债表、利润表
   B. 现金流量表
   C. 所有者权益变动表
   D. 附注

2. 财务报表按编报主体的不同,可以分为( )。
   A. 合并财务报表　　　　　　　　B. 反映财务状况的报表
   C. 反映经营成果的报表　　　　　　D. 个别财务报表

3. 下列各项中,属于编制财务报表之前需完成的任务的有( )。
   A. 检查相关的会计核算是否按照国家统一的会计制度的规定进行
   B. 进行全面财产清查、核实债务,并按规定程序报批,进行相应的会计处理
   C. 按规定的结账日进行结账,结出有关会计账簿的余额和发生额,并核对各会计账簿之间的余额
   D. 检查是否存在因会计差错、会计政策变更等原因需要调整前期或本期相关项目的情况等

4. 下列各项中,属于财务报表可以反映的信息的有( )。
   A. 经营成果　　　B. 财务状况　　　C. 现金流量　　　D. 劳动状况

5. 企业应当在财务报表的显著位置(如表首)至少披露( )。
   A. 编报企业的名称
   B. 资产负债表日或财务报表涵盖的会计期间
   C. 货币名称和单位
   D. 财务报表是合并财务报表的,应当予以标明

三、判断题

1. 财务报表中资产项目和负债项目的金额不得相互抵销,因此,资产或负债项目不得按扣除备抵项目后的净额填列。　　　　　　　　　　　　　　　　　　　　( )
2. 财务报表项目的列报应当在各个会计期间保持一致,不得随意变更。　　( )
3. 财务报告包括财务报表和其他应当在财务报告中披露的相关信息和资料。 ( )

第二节　资产负债表

一、单项选择题

1. "应收账款"项目应根据"应收账款"和( )科目所属的相关明细科目的借方余额之和减去"坏账准备"科目中相关坏账准备期末余额后的金额分析填列。
   A. "应付账款"　　B. "其他应收款"　　C. "预付账款"　　D. "预收账款"

2. "应收账款"所属明细科目如有贷方余额,应在资产负债表( )项目中反映。
   A. "预付款项"　　B. "预收款项"　　C. "应收账款"　　D. "应付账款"

3. 资产负债表左方的资产项目排列顺序是( )。
   A. 重要性原则,即重要项目排在前面,次要项目排在后面
   B. 流动性大小,即流动性强的排在前面,流动性弱的排在后面
   C. 金额的大小,即金额小的排在前面,金额大的排在后面
   D. 债务清查的先后顺序,即短期债务排在前面,长期债务排在后面

4. 资产负债表中所有者权益项目的顺序是按( )排列。
   A. 流动性　　　　　　　　　　　　B. 要求清偿时间的先后顺序

C. 重要性 D. 金额大小

二、多项选择题

1. 下列各项中,列在资产负债表左方的有( )。
   A. 固定资产 B. 无形资产
   C. 长期股权投资 D. 流动资产
2. 资产负债表的格式主要包括( )。
   A. 账户式 B. 单步式 C. 报告式 D. 多步式
3. 下列资产负债表项目中,直接根据总分类账户余额填列的有( )。
   A. 短期借款 B. 资本公积 C. 交易性金融资产 D. 实收资本
4. 下列关于资产负债表的表述中,不正确的有( )。
   A. 资产负债表反映在某一特定期间财务状况的财务报表
   B. 资产负债表的格式主要有账户式和报告式两种,我国规定企业采用报告式
   C. 通过资产负债表,报表使用者可以分析单位的债务偿还能力
   D. 资产负债表应当按照资产、负债和所有者权益三大类别分类列报
5. 在资产负债表"负债及所有者权益"方填列的项目有( )。
   A. 累计折旧 B. 预付款项 C. 长期应付款 D. 预收款项

三、判断题

1. "材料成本差异"科目是"原材料"科目的抵减科目,当"材料成本差异"科目出现借方余额时,在填列资产负债表"原材料"项目的余额时,应当根据"原材料"总账科目的余额加上"材料成本差异"科目的借方余额计算填列。( )
2. 资产负债表是反映企业某一时期财务状况的财务报表。( )
3. 在填列资产负债表"货币资金"项目时,可以根据总账科目余额直接填列。( )

第三节 利 润 表

一、单项选择题

1. 下列各项中,不会影响企业利润总额增减变化的是( )。
   A. 销售费用 B. 所得税费用 C. 财务费用 D. 管理费用
2. 下列各项中,不属于利润表中单独列示的项目的是( )。
   A. 营业外收入 B. 其他业务收入 C. 资产减值损失 D. 所得税费用
3. 下列业务中,在填列利润表时,只影响利润总额不影响营业利润的是( )。
   A. 销售商品 B. 提供非工业性服务
   C. 存货盘盈 D. 无法查明原因的库存现金长款
4. 某企业 20×8 年 12 月 31 日编制的年度利润表中,"本期金额"一栏反映了( )。
   A. 12 月 31 日利润或亏损的形成情况
   B. 12 月利润或亏损的形成情况

C. 第四季度利润或亏损的形成情况

D. 本年度利润或亏损的形成情况

5. 在利润表上，营业利润加营业外收入减营业外支出，得出（　　）。

A. 净利润　　　　　　　　　　　B. 净亏损

C. 所得税费用　　　　　　　　　D. 利润总额

二、多项选择题

1. 下列各项中，影响营业利润金额增减的有（　　）。

A. 税金及附加　　　　　　　　　B. 所得税费用

C. 资产减值损失　　　　　　　　D. 投资净收益

2. 多步式利润表可以反映的企业利润要素有（　　）。

A. 营业利润　　B. 主营业务利润　　C. 利润总额　　D. 净利润

3. 甲企业本年度主营业务收入为290 000元，其他业务收入为65 000元，投资收益为17 500元，管理费用为70 000元，销售费用为40 000元，财务费用为25 000元，营业外收入为6 000元，且没有企业所得税纳税调整项目，企业所得税税率25%。根据上述资料，该企业编制本年度利润表时，下列填列中正确的是（　　）。

A. "营业收入"项目填列的金额为290 000元

B. "利润总额"项目填列的金额为243 500元

C. "营业利润"项目填列的金额为220 000元

D. "净利润"项目填列的金额为182 625元

4. 借助于利润表提供的信息，可以帮助管理者分析（　　）。

A. 企业资产的金额及其结构情况　　　B. 企业的盈利能力

C. 企业的偿债能力　　　　　　　　　D. 企业利润构成及其质量

5. 下列等式中，正确的有（　　）。

A. 资产＝负债＋所有者权益

B. 利润总额＝营业利润＋营业外收入－营业外支出

C. 营业利润＝营业收入－营业成本－税金及附加－销售费用－管理费用－研发费用－财务费用＋其他收益＋投资收益（－投资损失）＋净敞口套期收益（－净敞口套期损失）＋公允价值变动收益（－公允价值变动损失）－资产减值损失－信用减值损失＋资产处置收益（－资产处置损失）＋营业外收入－营业外支出

D. 净利润＝利润总额－所得税费用

三、判断题

1. 利润表的"上期金额"栏内各项数字应根据当年上期利润表"本期金额"栏内所列数字填列。　　　　　　　　　　　　　　　　　　　　　　　　　　　　　　（　　）

2. 利润表中的各项目应根据有关损益类科目的本期发生额或余额分析计算填列。
　　　　　　　　　　　　　　　　　　　　　　　　　　　　　　　　　　（　　）

3. 利润表中的营业收入包括主营业务收入和其他业务收入，都是与日常活动有关的，会导致所有者权益增加的，与所有者投入资本无关的经济利益的总流入，不包括营业外收入。（　　）

4. 反映企业一定会计时期经营成果的财务报表是资产负债表。（   ）
5. 利润表是反映企业某一特定日期的经营成果的财务报表。（   ）

【本章习题必练】

一、单项选择题

1. 下列所有者权益项目在资产负债表内的排列顺序中，正确的是(   )。
   A. 未分配利润→盈余公积→资产公积→实收资本
   B. 实收资本→盈余公积→资本公积→未分配利润
   C. 资本公积→盈余公积→未分配利润→实收资本
   D. 实收资本→资本公积→盈余公积→未分配利润

2. 资产负债表中(   )项目应根据明细科目余额计算填列。
   A. "货币资金"　　B. "预收款项"　　C. "未分配利润"　　D. "长期借款"

3. 下列各项中，属于直接根据总分类科目余额填列的资产负债表项目是(   )。
   A. "应收账款"　　　　　　　　B. "短期借款"
   C. "未分配利润"　　　　　　　D. "存货"

4. 资产负债表中的未分配利润项目，应根据(   )填列。
   A. "盈余公积"科目余额
   B. "本年利润"和"利润分配"科目的期末余额计算
   C. "本年利润"科目余额
   D. "利润分配"科目余额

5. 利润表的"本期金额"栏一般应根据(   )填列。
   A. 所有者权益类科目的本期发生额
   B. 损益类科目的本期发生额
   C. 损益类科目的期末余额
   D. 所有者权益类科目的期末余额

6. 多步式利润表中的利润总额是以(   )为基础来计算的。
   A. 营业收入　　　B. 营业成本　　　C. 营业利润　　　D. 投资收益

7. 利润表是反映(   )。
   A. 企业在一定会计期间经营成果的报表
   B. 企业在某一特定日期财务状况的报表
   C. 企业在一定会计期间现金等价物流入和流出情况的报表
   D. 组成所有者权益的各组成部分当期增减变动情况的报表

8. 下列信息中，不能通过资产负债表提供的是(   )。
   A. 企业承担的债务
   B. 企业所有者在企业资产中享有的经济利益份额及其结构
   C. 企业利润的形成情况及影响利润增减变动的因素
   D. 企业拥有或控制的资源及其分布情况

9. 下列科目中，其期末余额与资产负债表"无形资产"项目的金额填列无关的是(   )科目。

A. "无形资产" B. "管理费用"
C. "无形资产减值准备" D. "累计摊销"

10. 资产负债表中的"应收账款"项目,应根据( )科目所属的相关明细科目的期末借方余额之和减去相应"坏账准备"科目期末余额后的金额分析填列。
   A. "应收账款"和"预付账款" B. "应付账款"和"预收账款"
   C. "应收账款"和"预收账款" D. "应付账款"和"预付账款"

11. 下列各项中,属于资产负债表中"非流动资产"项目的是( )。
    A. 其他应收款 B. 交易性金融资产
    C. 预付账款 D. 债权投资

12. 下列各项中,不应在利润表"营业收入"项目列示的是( )。
    A. 设备安装服务收入 B. 与企业日常活动无关的政府补助收入
    C. 代销品销售收入 D. 固定资产出租收入

13. 资产负债表是反映企业在( )的财务状况的财务报表。
    A. 某一特定日期 B. 一定会计期间
    C. 一定时期 D. 每年12月31日

14. 资产负债表左方包括( )等项目。
    A. 流动资产和所有者权益 B. 流动资产和非流动资产
    C. 流动资产和长期资产 D. 流动资产和流动负债

15. 下列各项中,在填列利润表时,只影响利润总额不影响营业利润的是( )。
    A. 出租无形资产
    B. 提供非工业性服务
    C. 存货盘盈
    D. 非流动资产毁损报废收益

16. 下列各项中,在编制资产负债表时,应填列在"非流动资产"项目的是( )。
    A. 工程物资 B. 库存商品 C. 原材料 D. 包装物

17. 甲企业本年发生的营业收入为400万元,营业成本为220万元,销售费用为16万元,管理费用为24万元,财务费用为10万元,资产减值损失为14万元(损失),公允价值变动损益为48万元(收益),营业外收入为10万元,营业外支出为6万元。该企业当年的营业利润为( )万元。
    A. 164 B. 168 C. 68 D. 180

18. 财务报表中各项目数字的直接来源是( )。
    A. 原始凭证 B. 账簿记录 C. 记账凭证 D. 日记账

19. 下列各项中,不属于财务会计报表编制要求的是( )。
    A. 数字真实 B. 计算准确 C. 节约成本 D. 内容完整

20. 中期财务报表可以不提供的报表是( )。
    A. 资产负债表 B. 所有者权益变动表
    C. 利润表 D. 现金流量表

21. 下列各财务报表中,属于企业对外提供的静态报表是( )。
    A. 利润表 B. 资产负债表

C. 现金流量表　　　　　　　　　　D. 所有者权益变动表

二、多项选择题

1. 下列等式中,正确的有（　　）。
   A. 资产＝负债＋所有者权益
   B. 利润总额＝营业利润＋营业外收入－营业外支出
   C. 营业利润＝主营业务收入＋其他业务收入－主营业务成本－其他业务成本＋投资收益＋公允价值变动收益＋营业外收入－营业外支出
   D. 净利润＝利润总额－所得税费用

2. 下列关于利润表的作用的说法中,正确的有（　　）。
   A. 反映一定会计期间收入的实现情况
   B. 反映一定会计期间的费用耗费情况
   C. 反映企业经济活动成果的实现情况
   D. 判断资本保值增值等情况

3. 利润表中的"营业成本"项目填列的依据有（　　）。
   A. "主营业务成本"科目本期发生额
   B. "营业外支出"科目本期发生额
   C. "其他业务成本"科目本期发生额
   D. "税金及附加"科目本期发生额

4. 下列报表中,属于财务报表的有（　　）。
   A. 资产负债表　　　　　　　　　　B. 利润表
   C. 现金流量表　　　　　　　　　　D. 所有者权益变动表

5. 在填制资产负债表的"应收账款"项目时,需考虑的账户有（　　）。
   A. "应收账款"　B. "预付账款"　C. "预收账款"　D. "坏账准备"

6. 下列各项中,属于资产负债表右方包括的项目有（　　）。
   A. 短期借款
   B. 递延所得税负债
   C. 长期待摊费用
   D. 实收资本

7. 下列科目中,可能影响资产负债表中"应付账款"项目金额的账户有（　　）。
   A. "应付账款"　B. "预收账款"　C. "坏账准备"　D. "预付账款"

8. 下列会计科目的期末余额,应列在资产负债表"存货"项目的有（　　）。
   A. 生产成本　　B. 材料采购　　C. 委托加工物资　　D. 库存商品

9. 借助于资产负债表提供的会计信息,可以帮助管理者（　　）。
   A. 分析企业资产的结构情况
   B. 分析企业的盈利能力
   C. 分析企业的偿债能力
   D. 分析企业的现金流量情况

三、判断题

1. 企业可以根据内部需要不定期地编制财务报表。（　）
2. 利润表和现金流量表属于动态报表。（　）
3. 小企业的财务报表包括资产负债表、利润表和附注。（　）
4. 资产负债表中的"长期借款"项目,应根据"长期借款"总账科目的期末余额,扣除所属明细科目中将1年内到期,且企业不能自主地将清偿义务展期的部分后的金额填列。（　）
5. 附注是对在资产负债表、利润表、现金流量表和所有者权益变动表等报表中列示项目含义的补充说明,以及对未能在这些报表中列示项目的详细或明细说明等。（　）
6. 财务报表项目的列报应当在各个会计期间保持一致,不得随意变更。（　）
7. 资产负债表中列示了"未分配利润"项目及其金额,因此,资产负债表也是直接用于分析企业盈利能力的财务报表。（　）
8. 年度财务报表一般包括资产负债表、利润表、现金流量表、所有者权益变动表和附注等内容,上述五个部分具有同等重要的程度。（　）
9. 利润表的"上期金额"栏内各项数字应根据上年该期利润表"本期金额"栏内所列数字填列。（　）
10. 我国资产负债表要求采用账户式结构。（　）
11. 中期财务报表是以短于一个完整会计年度的报告期间为基础编制的财务报表,包括月报、季报和半年报等。（　）
12. 资产和负债、收入和费用、直接计入当期利润的利得项目和损失项目的金额应当相互抵销,是财务报表编制的基本要求之一。（　）
13. "收入－费用＝利润"的关系是企业编制利润表的基础。（　）
14. 流动性,通常按资产的变现或耗用时间长短或者负债的偿还时间长短来确定。（　）
15. 资产负债表中"固定资产"项目,应根据"固定资产"科目的期末余额,减去"累计折旧"和"固定资产减值准备"科目的期末余额后的金额填列。（　）

四、计算分析题

1. A公司本年2月月末有关资料如下:

(1) "原材料"总账账户借方余额22 500元,其所属明细账的余额如下所述。A材料300千克,每千克30元,共计9 000元;B材料200千克,每千克45元,共计9 000元;C材料200千克,每千克22.5元,共计4 500元。

(2) "应付账款"账户总账贷方余额19 000元,其所属明细账的贷方余额分别为甲公司11 000元,乙公司8 000元。"银行存款"总账和"银行存款日记账"账户余额均为75 000元。

A公司本年3月发生的经济业务如下:

(1) 3月3日,从甲公司购入A材料500千克,每千克30元,共计15 000元;购入B材料300千克,每千克45元,共计13 500元。款项尚未支付。

(2) 3月8日,车间生产产品领用A材料700千克,每千克30元,共计21 000元;B材料300千克,每千克45元,共计13 500元。

(3) 3月15日,从乙公司购入A材料300千克,每千克30元,共计9 000元;B材料400千克,每千克45元,共计18 000元。材料已验收入库,货款尚未支付。

(4) 3月26日,以银行存款偿付前欠甲公司货款25 000元和乙公司货款23 000元。

A公司的会计人员,已经完成了建账、登记期初余额、填制记账凭证、过账、结账以及总账与明细账的核对工作。

假设不考虑相关税费,根据上述资料完成第(1)～(8)题。

(1) A公司"银行存款"总账账户3月月末余额为(　　)元。
  A. 123 000   B. 75 000   C. 48 000   D. 27 000

(2) A公司"原材料"总账账户3月月末余额为(　　)元。
  A. 55 500   B. 43 500   C. 34 500   D. 1 500

(3) A公司"原材料——A材料"明细账户3月月末余额为(　　)元。
  A. 28 000   B. 24 000   C. 21 000   D. 12 000

(4) A公司"原材料——A材料"明细账户3月月末结存的材料数量为(　　)千克。
  A. 400   B. 350   C. 200   D. 100

(5) A公司"原材料——B材料"明细账户3月月末余额为(　　)元。
  A. 4 050   B. 31 500   C. 27 000   D. 75 00

(6) A公司"应付账款"账户总账账户3月月末余额为(　　)元。
  A. 135 000   B. 55 500   C. 26 500   D. 11 500

(7) A公司"应付账款"总账账户3月贷方发生额为(　　)元。
  A. 135 000   B. 55 500   C. 26 500   D. 11 500

(8) A公司"应付账款——乙公司"明细账户3月月末余额为(　　)元。
  A. 75 000   B. 27 000   C. 23 000   D. 12 000

2. 甲公司20×8年12月月初有关账户余额,如表10-1所示。

表10-1　　　　　　　　　　　　有关账户余额表

单位:元

账户名称	借方余额	账户名称	贷方余额
库存现金	2 560	应付账款	150 800
银行存款	446 900	应付票据	0
应收账款	175 200	短期借款	200 000
应收票据	0	应交税费	31 600
库存商品	317 800	累计折旧	49 200
固定资产	1 175 140	实收资本	1 600 000
长期股权投资	200 000	利润分配	286 000
合　　计	2 317 600	合　　计	2 317 600

甲公司20×8年12月发生以下业务:

(1) 收到其他单位前欠货款64 000元,存入银行。

(2) 销售商品1 000件,每件售价为200元,每件成本为140元,增值税税率13%,款项已收,存入银行。

(3) 采购商品一批，取得的增值税专用发票注明价款 100 000 元，增值税税率 13%，货已入库，款未付。

(4) 开出转账支票支付上述销售商品的运杂费用 4 000 元，取得增值税普通发票。

(5) 从银行存款户中归还短期借款 100 000 元以及本月借款利息 700 元。

(6) 通过银行转账支付上述部分购料款 11 000 元。

要求： 请根据上述资料，代甲公司完成资产负债表（简表）的编制，如表 10-2 所示。

表 10-2　　　　　　　　　　　　资产负债表（简表）

制表单位：甲公司　　　　　　　20×8 年 12 月 31 日　　　　　　　　　　单位：元

资产	期末余额	上年年末余额	负债和所有者权益（或股东权益）	期末余额	上年年末余额
流动资产：		（略）	流动负债：		（略）
货币资金	623 760	（略）	短期借款	100 000	（略）
应收票据	0	（略）	应付票据	0	（略）
应收账款	(1)	（略）	应付账款	(4)	（略）
存货	(2)	（略）	应交税费	(5)	（略）
流动资产合计	(3)	（略）	流动负债合计	(6)	（略）
非流动资产：		（略）	所有者权益：		（略）
长期股权投资	200 000	（略）	实收资本	1 600 000	（略）
固定资产	1 125 940	（略）	未分配利润	341 300	（略）
非流动资产合计	1 325 940	（略）	所有者权益合计	1 941 300	（略）
资产总计	2 338 700	（略）	负债和所有者权益（或股东权益）总计	2 338 700	（略）

3. 甲公司本年 5 月有关科目期初余额和本期发生额，如表 10-3 所示。

表 10-3　　　　　　　　　　　有关科目期初余额和本期发生额

单位：元

会计科目	期初余额		本期发生额	
	借方	贷方	借方	贷方
库存现金	1 500	0	7 500	8 000
银行存款	300 210	0	353 500	82 090
应收账款	15 500	0	225 000	3 000
应收票据	0	0	0	0
预付账款	7 290	0	1 0250	0
其他应收款	1 000	0	2 000	0
原材料	89 000	0	66 050	2 250
周转材料	20 000	0	4 000	0
库存商品	53 500	0	6 950	13 750
长期待摊费用	4 000	0	4 040	0

(续表)

会计科目	期初余额 借方	期初余额 贷方	本期发生额 借方	本期发生额 贷方
固定资产	1 625 000	0	90 000	0
累计折旧	0	45 000	0	6 800
短期借款	0	61 000	25 000	100 000
应付账款	0	14 000	35 250	160 000
应付票据	0	0	0	0
预收账款	0	0	0	35 000
应付职工薪酬	0	4 500	6 000	15 000
长期借款	0	25 000	0	250 000
生产成本	24 500	0	16 550	3 950
实收资本	0	2 000 000	0	0
盈余公积	0	12 500	0	0
未分配利润	0	−20 500	0	0
主营业务收入	0	0	225 000	225 000
主营业务成本	0	0	113 750	113 750

补充资料：

(1) 甲公司的"长期借款"账户期初余额中有 15 000 元 1 年内到期。

(2) 甲公司的"应收账款"明细账户的借方余额为 240 500 元，"应收账款"明细账户的贷方余额为 3 000 元。

(3) 甲公司的"预付账款"明细账户无贷方余额，"预付账款"明细账户的借方余额为 17 540 元。

(4) 甲公司的"应付账款"明细账户的借方余额为 35 250 元，"应付账款"明细账户的贷方余额为 174 000 元。

(5) 甲公司的"预收账款"明细账户无借方余额，"预收账款"明细账户的贷方余额为 35 000 元。

(6) 甲公司的"应付职工薪酬"均属于流动负债。

(7) 甲公司已根据当月发生的经济业务登记总账并结账。

要求： 根据上述资料，计算甲公司本年 5 月 31 日资产负债表中"货币资金""存货""流动负债"和"长期负债"项目的金额，并写出计算过程。

4. 甲企业为增值税一般纳税人，生产和销售 A、B 两种产品，企业所得税税率为 25%，无企业所得税纳税调整项目，假设不考虑增值税和企业所得税以外的其他相关税费。甲企业本年 8 月发生以下经济业务：

(1) 销售 A 产品 600 件，单价 45 元，增值税税率为 13%，款项尚未收回。

(2) 销售 B 产品 1 200 件，单价 55 元，增值税税率为 13%，款项已存入银行。

(3) 预收 A 产品货款 20 000 元存入银行。

(4) 用银行存款支付管理人员工资 4 500 元和专设销售机构的人员工资 3 000 元。

(5) 销售材料 400 千克,单价 15 元,增值税税率为 13%,款项已存入银行。该材料单位成本为 12.5 元。

(6) 结转已销售的 A、B 产品的实际生产成本,A 产品单位成本为 30 元,B 产品单位成本为 40 元。

则甲企业本年 8 月利润表的下列报表项目金额为:

(1) 营业收入(　　)元。

(2) 营业成本(　　)元。

(3) 营业利润(　　)元。

(4) 利润总额(　　)元。

(5) 净利润(　　)元。

5. 甲企业 20×8 年 12 月的试算平衡表,如表 10-4 所示。

表 10-4　　　　　　　　　试 算 平 衡 表

20×8 年 12 月 31 日　　　　　　　　　　　　　单位:元

会计科目	期末余额	
	借　方	贷　方
库存现金	1 000	0
银行存款	126 740	0
应收账款	42 400	0
应收票据	0	0
坏账准备	0	2 700(应收账款的坏账准备)
原材料	76 000	0
库存商品	129 600	0
存货跌价准备	0	6 120
固定资产	1 200 000	0
累计折旧	0	9 920
短期借款	0	50 000
应付账款	0	48 200
应付票据	0	0
预收账款	0	9 000
长期借款	0	129 000
实收资本	0	1 220 000
盈余公积	0	1 000
本年利润	0	99 800
合　　计	1 575 740	1 575 740

补充资料:

(1)"长期借款"账户期末余额中将于 1 年内到期归还且企业不能自主地将清偿义务展期的长期借款数为 90 000 元。

(2)"应收账款"有关明细账期末余额如下:

"应收账款——甲公司"账户贷方余额为 11 600 元。
"应收账款——乙公司"账户借方余额为 54 000 元。
(3) "应付账款"有关明细账期末余额如下：
"应付账款——丙公司"账户贷方余额为 65 000 元。
"应付账款——丁公司"账户借方余额为 16 800 元。
(4) "预收账款"有关明细账期末余额如下：
"预收账款——戊公司"账户贷方余额为 9 000 元。

要求： 根据上述资料，计算甲企业 20×8 年 12 月 31 日以下资产负债表报表项目的期末数：
(1) 应收账款（　　）元。
(2) 存货（　　）元。
(3) 流动资产合计（　　）元。
(4) 预收款项（　　）元。
(5) 流动负债合计（　　）元。

6. 甲公司本年 7 月月末有关明细账户期末余额如下：
(1) "应收账款——A 公司"账户借方余额为 60 662 元
(2) "应付账款——B 公司"账户贷方余额为 73 206 元
(3) "预收账款——C 公司"账户借方余额为 81 810 元
　　"预收账款——D 公司"账户贷方余额为 80 152 元
(4) "预付账款——E 公司"账户借方余额为 64 014 元
　　"预付账款——F 公司"账户贷方余额为 63 056 元
(5) "坏账准备"的期末余额均为 0。

(1) 甲公司本年 7 月月末资产负债表中的"应收账款"项目金额为（　　）元。
　　A. 64 014　　　　B. 80 152　　　　C. 136 262　　　　D. 142 472
(2) 甲公司本年 7 月月末资产负债表中的"应付账款"项目金额为（　　）元。
　　A. 64 014　　　　B. 80 152　　　　C. 136 262　　　　D. 142 472
(3) 甲公司本年 7 月月末资产负债表中的"预收款项"项目金额为（　　）元。
　　A. 64 014　　　　B. 80 152　　　　C. 136 262　　　　D. 142 472
(4) 甲公司本年 7 月月末资产负债表中的"预付款项"项目金额为（　　）元。
　　A. 64 014　　　　B. 80 152　　　　C. 136 262　　　　D. 142 472

答案及解析

第一章 总 论

【分节习题必会】答案及解析

第一节 会 计 概 述

一、单项选择题

1.【答案】 A

【解析】 企业的资金主要来源于企业所有者(投资者)投入的资金和债权人投入的资金两部分,前者形成所有者权益,后者形成债权人权益(即负债),它们共同构成了企业的资产。因此选项 A 正确。

2.【答案】 D

【解析】 1952 年,国际会计师联合会正式通过"管理会计"这一专业术语。

二、多项选择题

1.【答案】 BD

【解析】 选项 B、D 表述正确。选项 A、C 是管理会计的特点。

2.【答案】 ABCD

【解析】 会计的基本特征包括:①会计是一种经济管理活动。②会计是一个经济信息体系。③会计以货币作为主要计量单位。④会计具有核算和监督的基本职能。⑤会计采用一系列专门方法。

三、判断题

1.【答案】 ×

【解析】 会计以货币为主要计量单位,但在会计日常活动中还要用到劳动计量和实物计量作为辅助计量单位。

2.【答案】 √

第二节 会计的职能与方法

一、单项选择题

1.【答案】 C

【解析】 会计核算方法包括填制和审核会计凭证、设置会计科目和账户、复式记账、登记会计账簿、成本计算、财产清查、编制财务报告等专门方法。可见,编制财务预算不是会计的核算方法,因此,应当选择选项C。

2.【答案】 A

【解析】 会计基本职能包括会计核算和会计监督。

二、多项选择题

1.【答案】 ABD

【解析】 会计监督是一个过程,它分为事前监督、事中监督和事后监督。

2.【答案】 ABCD

【解析】 四个选项都正确。

3.【答案】 ACD

【解析】 会计核算与会计监督是相辅相成、辩证统一的。会计核算是会计监督的基础,没有核算所提供的各种信息,监督就失去了依据;会计监督又为会计核算提供了质量的保障,只有核算没有监督,就难以保证核算所提供财务信息的质量。

三、判断题

1.【答案】 √

2.【答案】 ×

【解析】 会计循环是指按照一定的步骤反复运行的会计程序。从会计工作流程看,会计循环由确认、计量、记录和报告等环节组成;从会计核算的具体内容看,会计循环由填制和审核会计凭证、设置会计科目和账户、复式记账、登记会计账簿、成本计算、财产清查以及编制财务报告等组成。

第三节 会计基本假设与会计核算基础

一、单项选择题

1.【答案】 B

【解析】 第一笔经济业务支付了3个月的房租,但应当计入本月费用的是本月应当负担的部分8 000元(24 000÷3);第二笔经济业务是上季度计入费用但由本月支付的,与本月费用无关,不计入本月费用;第三笔经济业务是本月支付本月的费用,计入本月费用金额为4 000元;第四笔经济业务虽然本月支付但与本月费用无关,应当在下季度相应的受益期计入费用,所以应当计入本月费用的金额为12 000元(8 000+4 000)。

2.【答案】 C

【解析】 货币计量则为会计核算提供了必要手段。

3.【答案】 A

【解析】 会计主体与法律主体并非是对等的概念,一般而言,法律主体必然是会计主体,但会计主体不一定是法律主体,如企业集团、个人独资企业和合伙企业等。

二、多项选择题

1. 【答案】 ABCD

    【解析】 会计基本假设包括会计主体、持续经营、会计分期和货币计量。

2. 【答案】 ABCD

    【解析】 会计期间分为年度、半年度、季度和月度,其中半年度、季度和月度被称为会计中期。

三、判断题

1. 【答案】 √
2. 【答案】 √
3. 【答案】 √
4. 【答案】 ×

    【解析】 会计以货币作为主要计量单位,但它不是唯一的计量单位。

5. 【答案】 √

第四节 会计信息的使用者及其质量要求

一、单项选择题

1. 【答案】 B

    【解析】 可靠性是会计信息质量的基本要求,所以选项 A 错误;会计信息质量的相关性要求,是以可靠性要求作为基础的,在可靠性前提下,会计信息应尽可能与各种决策相关,以满足财务报告使用者的决策需要,所以选项 C 错误。可比性要求同一企业不同时期采用的会计政策前后各期保持一致,不得随意变更,所以选项 D 错误。

2. 【答案】 A

    【解析】 可比性要求同一企业对于不同时期发生的相同或者相似的交易或者事项,应当采用一致的会计政策进行处理,不得随意变更会计政策。甲企业随意变更会计核算方法,违背了可比性要求。

3. 【答案】 D

    【解析】 可比性要求同一企业对于不同时期发生的相同或者相似的交易或者事项,应当采用一致的会计政策进行处理,不得随意变更会计政策。

二、多项选择题

1. 【答案】 ABCD

    【解析】 会计信息的使用者主要包括投资者、债权人、企业管理者、政府及其相关部门和社会公众等。

2. 【答案】 ABCD

    【解析】 会计信息质量要求主要包括可靠性、相关性、可理解性、可比性、实质重于形式、重要性、谨慎性和及时性等。

三、判断题

1. 【答案】 √
2. 【答案】 ×

   【解析】 实质重于形式要求企业应当按照实际发生的交易或者事项的经济实质进行会计确认、计量、记录和报告,不应当仅以交易或者事项法律形式作为依据。

第五节 信息化环境下的账务处理

一、单项选择题

1. 【答案】 B

   【解析】 会计信息化是指企业利用计算机、网络通信等现代信息技术手段开展会计核算,以及利用上述技术手段将会计核算与其他经营管理活动有机结合的过程。

2. 【答案】 B

   【解析】 企业会计信息系统数据服务器的部署应当符合国家有关规定。数据服务器部署在境外的,应当在境内保存会计资料备份,备份频率不得低于每月1次。

二、多项选择题

1. 【答案】 ABCD

   【解析】 会计软件一般具有以下功能:①为会计核算和财务管理直接采集数据。②生成会计凭证、账簿和报表等会计资料。③对会计资料进行转换、输出、分析和利用。

2. 【答案】 ABD

   【解析】 选项C,正确的说法是企业使用的会计软件应当提供不可逆的记账功能。

三、判断题

1. 【答案】 √
2. 【答案】 ×

   【解析】 未经有关主管部门批准,不得将电子会计资料及其复印件携带、寄运或者传输至境外。

第六节 会计准则体系

一、单项选择题

1. 【答案】 D

   【解析】 企业会计准则解释主要针对《企业会计准则》在实施过程中遇到的问题所作出的相关解释。

2. 【答案】 C

   【解析】 企业会计准则解释主要针对《企业会计准则》在实施过程中遇到的问题所作出的相关解释。

二、多项选择题

1. 【答案】 ABD

   【解析】 我国未单独出台《大型企业会计准则》。

2. 【答案】 ABC

   【解析】 根据《政府会计准则——基本准则》，政府会计主体主要包括各级政府、各部门、各单位。军队、已纳入企业财务管理体系的单位和执行《民间非营利组织会计制度》的社会团体，其会计核算不适用政府会计准则制度。

三、判断题

1. 【答案】 √

   【解析】 军队、已纳入企业财务管理体系的单位和执行《民间非营利组织会计制度》的社会团体，其会计核算不适用政府会计准则制度。

2. 【答案】 ×

   【解析】 我国的企业会计准则体系包括基本准则、具体准则、应用指南和解释公告。

【本章习题必练】答案及解析

一、单项选择题

1. 【答案】 D

   【解析】 选项A、B、C可以作为经济活动，但它们都不能以货币表现，根据会计对象的定义，不能以货币表现的经济活动就不是会计对象。

2. 【答案】 D

   【解析】 会计确认是指运用特定的会计方法，以文字和金额同时描述某一交易或者事项，使其金额反映在特定主体财务报表中的会计程序。题中业务符合会计确认的含义。

3. 【答案】 A

   【解析】 会计分期是指将一个企业持续经营的经济活动划分为若干连续的、长短相同的期间，以便分期结算账目和编制财务报告。

4. 【答案】 A

   【解析】 企业对于它所有的机器设备、厂房等固定资产，只有在持续经营的前提下，才能在机器设备的使用年限内，按照其价值和使用情况，确定采用某一折旧方法计提折旧，而如果没有持续经营这一前提，从理论上说，机器设备、厂房等固定资产的价值只能采用实现可变现价值来予以计量。

5. 【答案】 A

   【解析】 实质重于形式要求企业应当按照交易或者事项的经济实质进行会计确认、计量、记录和报告，不应仅以交易或者事项的法律形式为依据。

6. 【答案】 B

   【解析】 由于会计分期，才产生了当期与其他期间的差别，从而形成了权责发生制与收付实现制不同的记账基础，进而出现了应收、应付等会计处理。

7.【答案】 C

【解析】 实质重于形式要求企业应当按照交易或者事项的经济实质进行会计确认、计量、记录和报告,不应仅以交易或者事项的法律形式为依据。企业销售商品时,若没有将相关商品控制权转移给购货方,就不应该确认收入,即使已经将商品交给购货方,也不应当确认销售收入,这体现了实质重于形式的基本要求。

8.【答案】 B

【解析】 资金的循环与周转通常包括供应、生产和销售过程三个阶段,不包括分配过程。

9.【答案】 C

【解析】 会计核算方法体系包括填制和审核会计凭证、设置会计科目和账户、复式记账、登记会计账簿、成本计算、财产清查和编制财务报告。其中,编制财务报告是会计期末对企业财务状况和经营成果以报表形式所作的总结,也就是会计工作的终点。

10.【答案】 A

【解析】 会计是对特定单位(一个单位)的经济活动进行管理,因此选项 A 表述错误。

11.【答案】 A

【解析】 题目中的表述体现的是谨慎性会计信息质量要求。

12.【答案】 C

【解析】 在评价某些项目的重要性时,在很大程度上取决于会计人员的职业判断,应当从质和量两个方面进行分析,视信息的性质、规模大小和对使用者作出决策的影响程度而定。

13.【答案】 B

【解析】 选项 B,会计核算和监督是会计的基本职能;选项 A、C、D,是会计的拓展职能。

14.【答案】 B

【解析】 根据相关规定,我国各单位的会计核算应以人民币作为记账本位币。

15.【答案】 D

【解析】 重要性要求企业提供的会计信息应当反映与企业财务状况、经营成果和现金流量有关的所有重要交易或者事项。

16.【答案】 D

【解析】 会计的本质是管理活动,不仅仅是记账、算账和报账。

17.【答案】 A

【解析】 及时性要求企业对于已经发生的交易或者事项,应当及时进行会计确认、计量、记录和报告,不得提前或延后。对于不需用的固定资产,也应该及时入账并按要求计提折旧,因此该企业的上述处理违背了及时性要求。

二、多项选择题

1.【答案】 ACD

【解析】 资金的运用是指企业的资金投入企业后,在供应、生产和销售等环节不断循环与周转。选项 B,属于资金的退出过程。

2.【答案】 BC

【解析】 选项A,并不是所有资产都以历史成本计量;选项D,由于有了会计分期,才产生了权责发生制和收付实现制的区别。

3. 【答案】 ABCD

【解析】 会计核算贯穿于整个经济活动的始终,是会计最基本的职能。会计核算的内容主要包括:①款项和有价证券的收付;②财物的收发、增减和使用;③债权、债务的发生和结算;④资本、基金的增减变动;⑤收入、支出、费用、成本的计算;⑥财务成果的计算和处理;⑦需要办理会计手续、进行会计核算的其他事项。四个选项均正确。

4. 【答案】 ABCD

【解析】 四个选项均不是法律主体,但都可以视为一个会计主体。

5. 【答案】 ABD

【解析】 会计核算是会计监督的基础。选项C,表述错误。

6. 【答案】 ABCD

【解析】 会计的基本特征包括:①会计是一种经济管理活动。②会计是一个经济信息体系。③会计以货币作为主要计量单位。④会计具有核算和监督的基本职能。⑤会计采用一系列专门方法。

7. 【答案】 ABCD

【解析】 会计的基本目标在于:向财务报告使用者提供与企业财务状况、经营成果和现金流量等有关的会计资料和会计信息,反映企业管理层受托责任履行情况,有助于财务报告使用者作出经济决策,达到不断提高企业及至经济社会整体的经济效益和效率的目的和要求。

8. 【答案】 ABCD

【解析】 四个选项均正确。

9. 【答案】 ABCD

【解析】 合理性审查是指检查各项收支是否符合客观经济规律及经营管理方面的需要,保证各项财务收支符合特定的财务收支计划,实现预期目标。四个选项均正确。

10. 【答案】 BCD

【解析】 选项A,政府会计由预算会计和财务会计构成。预算会计实行收付实现制(国务院另有规定的,依照其规定),财务会计实行权责发生制。

11. 【答案】 ABD

【解析】 资金运动是资金的形态变化和位置移动,通常表现为资金投入、资金的循环与周转(即运用)和资金退出三个过程。

12. 【答案】 ABCD

【解析】 会计循环由填制和审核会计凭证、设置会计科目和账户、复式记账、登记会计账簿、成本计算、财产清查、编制财务报告组成。

13. 【答案】 BCD

【解析】 选项A,属于资金的退出,不再参与资金的循环与周转过程。

14. 【答案】 ABCD

【解析】 会计监督职能又称会计控制职能,是指对特定主体经济活动和相关会计核算的真实性、完整性、合法性和合理性进行监督检查(审查)。

15. 【答案】 BD

【解析】 关于会计信息质量的要求有八个,它们分别是可靠性、可理解性、可比性、相关性、实质重于形式、重要性、谨慎性和及时性。前四个为会计信息的首要质量要求,后四个为次级质量要求。

16. 【答案】 ABC

【解析】 资金退出包括偿还债务、缴纳税费、向所有者分配利润、经法定程序减少资本等。

17. 【答案】 CD

【解析】 处于会计核算信息化阶段的企业,应当结合自身情况,逐步实现资金管理、资产管理、预算控制和成本管理等财务管理信息化。处于财务管理信息化阶段的企业,应当结合自身情况,逐步实现财务分析、全面预算管理、风险控制和绩效考核等决策支持信息化。

三、判断题

1. 【答案】 √
2. 【答案】 √
3. 【答案】 √
4. 【答案】 √
5. 【答案】 ×

【解析】 会计核算是会计监督的基础,会计监督是会计核算的保障。

6. 【答案】 √
7. 【答案】 ×

【解析】 业务收支以人民币以外的货币为主的单位,可以选定其中一种货币作为记账本位币,但编制的财务报告应当折算为人民币反映。

8. 【答案】 ×

【解析】 收付实现制也称现金制,是指收入、费用的确认以实际收到或支付货币作为确认的标志,是与权责发生制相对应的一种会计核算基础。

9. 【答案】 ×

【解析】 在会计核算中,货币是主要计量单位。

10. 【答案】 ×

【解析】 相关性要求企业提供的会计信息应当与财务报告使用者的经济决策需要相关,有助于财务报告使用者对企业过去和现在的情况作出评价,对未来的情况作出预测。可理解性要求企业提供的会计信息应当清晰明了,便于财务报告使用者理解和使用。

11. 【答案】 √
12. 【答案】 √
13. 【答案】 √
14. 【答案】 √

【解析】 会计记录的文字应当使用中文。在民族自治地方,会计记录可以同时使用当地通用的一种民族文字。在中华人民共和国境内的外商投资企业、外国企业和其他外国组织的会计记录可以同时使用一种外国文字。

15. 【答案】 ×

【解析】 能以货币形式表现的经济活动才是会计核算和监督的对象,并非所有的经济活动都必须进行会计核算。

16. 【答案】 √

17. 【答案】 √

18. 【答案】 ×

【解析】 在谨慎性原则下,企业不得设置秘密准备。

19. 【答案】 ×

【解析】 2015年10月23日,财政部发布了《政府会计准则——基本准则》,自2017年1月1日起,在各级政府、各部门、各单位施行。我国的政府会计准则体系由政府会计基本准则、具体准则和应用指南三部分组成。

20. 【答案】 √

四、计算分析题

1. 【答案】

表1-1　　　　　　　权责发生制与收付实现制下收入与费用对比表1

单位:元

经济业务序号	权责发生制		收付实现制	
	收入	费用	收入	费用
(1)	25 000		25 000	
(2)		1 000		6 000
(3)		1 500		0
(4)	0		3 000	
(5)	0		7 500	
(6)		11 000		0
(7)	50 000		0	
(8)		650		0

2. 【答案】

表1-2　　　　　　权责发生制与收付实现制下收入与费用的对比表2

单位:元

经济业务序号	权责发生制		收付实现制	
	收入	费用	收入	费用
(1)	10 000		0	
(2)	0		40 000	
(3)	0		80 000	
(4)		6 000(18 000÷3)		18 000
(5)		0		24 000
(6)		4 000		0
合计	10 000	10 000	120 000	42 000

第二章 会计要素与会计等式

【分节习题必会】答案及解析

第一节 会 计 要 素

一、单项选择题

1. 【答案】 C

    【解析】 选项 A，属于预付账款（拥有）；选项 B，属于租入（短期租赁和低价值资产租赁除外）资产（控制）；选项 D，属于短期租出资产（拥有）；而选项 C，临时（短期）租用 1 辆汽车属于既不拥有也不控制，属于其他企业的资产。

2. 【答案】 C

    【解析】 收入是企业在日常活动形成的、会导致所有者权益增加的、与所有者投入资本无关的经济利益的总流入，因此选项 A 错误；所有者权益是企业资产扣除负债后，由所有者享有的剩余权益，因此选项 B 错误；企业所有的利得和损失除了当期损益，还可以直接计入所有者权益，因此选项 D 错误。

3. 【答案】 A

    【解析】 应付股利属于流动负债。

4. 【答案】 D

    【解析】 公允价值主要应用于交易性金融资产、交易性金融负债等的计量。

5. 【答案】 C

    【解析】 未来获得或形成的资产不是现实的资产，不能作为企业的资产加以确认。

6. 【答案】 C

    【解析】 负债是企业承担的一项现时义务，这是负债的一个基本特征。

7. 【答案】 B

    【解析】 期间费用包括管理费用、财务费用和销售费用。

8. 【答案】 D

    【解析】 "利润总额＝营业利润＋营业外收入－营业外支出"，因此营业外收入影响利润总额，不影响营业利润。

9. 【答案】 A

    【解析】 在实务中，重置成本多用于盘盈固定资产的计量等。

10. 【答案】 B

    【解析】 根据我国《企业会计准则》的规定，企业的会计对象划分为资产、负债、所有者权益、收入、费用和利润六大会计要素。其中，公司的所有者权益又称为股东权益。

二、多项选择题

1. 【答案】 CD

   【解析】 会计计量属性是指会计要素的数量特征或外在表现形式,反映了会计要素金额的确定基础,主要包括历史成本、重置成本、可变现净值、现值和公允价值等。选项 A 和选项 B,属于会计核算基础。

2. 【答案】 ACD

   【解析】 非流动资产包括债权投资、其他债权投资、长期应收款、长期股权投资、其他权益工具投资、其他非流动金融资产、投资性房地产、固定资产、在建工程、生产性生物资产、油气资产、使用权资产、无形资产、开发支出、商誉、长期待摊费用、递延所得税资产、其他非流动资产。

3. 【答案】 AC

   【解析】 会计六要素中,资产、负债和所有者权益要素反映企业的财务状况;收入、费用和利润要素反映企业的经营成果。

4. 【答案】 BCD

   【解析】 生产费用是指与企业日常生产经营活动有关的费用,按其经济用途可分为直接材料、直接人工和制造费用。题中,选项 A,属于期间费用中的销售费用;选项 B,属于制造费用;选项 C,属于直接人工;选项 D,属于直接材料。

5. 【答案】 ABC

   【解析】 选项 D,是反映经营成果的会计要素。

6. 【答案】 ABD

   【解析】 应付债券属于非流动负债。

7. 【答案】 BC

   【解析】 选项 A,不属于日常活动则不属于收入,而属于利得;选项 B,属于其他业务收入;选项 C,属于主营业务收入;选项 D,收入不包括为第三方或客户代收的款项。

8. 【答案】 ACD

   【解析】 选项 A,应计入其他业务收入;选项 B,应计入营业外收入;选项 C,应计入主营业务收入;选项 D,应计入其他业务收入。而收入包括其他业务收入和主营业务收入,因此选项 A、C、D 符合题意。

三、判断题

1. 【答案】 √

2. 【答案】 √

   【解析】 根据会计恒等式"资产=负债+所有者权益",得出本题的结论。

3. 【答案】 ×

   【解析】 企业的利得和损失除了有计入当期利润(损益)的,还有直接计入所有者权益的利得和损失。

4. 【答案】 ×

   【解析】 企业采用分期付款方式购入固定资产,固定资产的入账价值应按购买价款的现值计量,而不是将购买价款简单相加。一般情况下,购买价款的现值会比购买价款的代数和要小。

5. 【答案】 √
6. 【答案】 √
7. 【答案】 ×

【解析】 在资产的含义中强调资产由企业拥有或者控制的经济资源。而控制特指融资租入的固定资产,尽管租入(短期租赁和低价值资产租赁除外)的固定资产承租方从法律形式上看并不拥有其所有权,但是承租方可以控制其经济利益的流入并长期使用,按照实质重于形式原则视同自有固定资产管理。

第二节 会 计 等 式

一、单项选择题

1. 【答案】 C

【解析】 ①导致资产增加60万元,负债增加60万元;②导致银行存款减少4万元,原材料增加4万元,两者都属于资产,不影响资产总额;③导致银行存款增加16万元,应收账款减少16万元,两者都属于资产,不影响资产总额;④导致资产减少12万元,负债减少12万元。则月末资产总额=100+60-12=148(万元)。

2. 【答案】 B

【解析】 短期借款属于企业的负债,一方面,负债减少;另一方面,对企业的投资即本公司的实收资本(属于所有者权益)增加。

3. 【答案】 B

【解析】 企业向银行借入款项,会引起银行存款(资产)增加,以及企业借款(负债)增加。

4. 【答案】 C

【解析】 反映财务状况的等式"资产=负债+所有者权益"是一个静态公式,它强调的关键词是"某一时点"或者"某一特定时刻"。等式的左边反映资产总额,等式的右边反映负债和所有者权益的合计数。

5. 【答案】 A

【解析】 选项A,会使原材料增加,实收资本增加,因此资产和所有者权益同时增加;选项B,会使资产和负债增加、所有者权益不变;选项C,会使资产和负债减少、所有者权益不变;选项D,是所有者权益内部项目变化,所有者权益总额不变。

二、多项选择题

1. 【答案】 AD

【解析】 根据"资产=负债+所有者权益"这一会计等式,负债与资产是同增或同减的关系,所有者权益与资产也是同增或同减的关系。因此,选项B和选项C的说法错误。

2. 【答案】 BCD

【解析】 正确的会计等式有:资产=权益、资产=负债+所有者权益,资产=负债+所有者权益+(收入-费用),资产=负债+所有者权益+利润。因此选项A错误。

3. 【答案】 CD

【解析】 "收入－费用＝利润"可称为第二会计等式,是资金运动的动态表现,即资金引动三个动态要素之间的内在联系和企业在某一时期的经营成果(因此选项B表述错误),说明了企业利润的实现过程,也是构成利润表的三个基本要素,是编制利润表的依据;若企业一定时期内所获得的收入小于所发生的费用,两者的差额,不是利润额而是亏损额(因此选项A表述错误)。

4. 【答案】 ABD

【解析】 选项C,应该为"一定时点的财务状况"而不是"某一时期的财务状况"。

三、判断题

1. 【答案】 √

【解析】 资本公积转增实收资本,将使资本公积(属于所有者权益)减少、实收资本(属于所有者权益)增加,即所有者权益一增一减,总额不变。

2. 【答案】 √

【解析】 资产和权益两者在数量上必然相等,在任何一时点都必然保持恒等关系。

【本章习题必练】答案及解析

一、单项选择题

1. 【答案】 B

【解析】 在历史成本计量下,资产按照其购置时所支付的现金或者现金等价物的金额,或者按照购置时所付出的对价的公允价值计量,而不考虑随后市场价格变动的影响。

2. 【答案】 B

【解析】 选项A、C,都不是企业过去的交易或者事项形成的,不是负债;选项D,应确认为非流动负债;选项B,会形成预收账款,应确认为流动负债。

3. 【答案】 D

【解析】 固定资产处置净损失属于损失(根据不同的情形,记入"固定资产清理""营业外支出"等科目)而不属于费用。广告宣传费属于销售费用,销售费用、管理费用和财务费用都属于费用。

4. 【答案】 D

【解析】 可变现净值通常应用于存货资产减值情况下的后续计量。

5. 【答案】 A

【解析】 在历史成本计量下,资产按照其购置时支付的现金或者现金等价物的金额,或者按照购置时所付出对价的公允价值计量。

6. 【答案】 D

【解析】 选项A,引起资产增加、负债增加;选项B,引起所有者权益内部此增彼减;选项C,引起资产增加、负债增加;选项D,引起资产增加、所有者权益增加。

7. 【答案】 B

【解析】 用盈余公积转增实收资本,会使一项所有者权益(实收资本)增加,同时另一项所有者权益(盈余公积)减少,所有者权益总额不变。

8. 【答案】 C

【解析】 费用与成本两者之间既有联系又有区别。两者之间的联系主要表现在：成本是按一定对象所归集的费用，是对象化了的费用。两者之间的区别主要表现在：费用是资产的耗费，它与一定的会计期间相联系，而与生产哪一种产品无关；成本与一定种类和数量的产品相联系，而不论发生在哪一个会计期间。

9. 【答案】 D

【解析】 收入是指企业在日常活动中形成的、会导致所有者权益增加的、与所有者投入资本无关的经济利益的总流入，因此选项A表述不正确；负债是指企业过去的交易或者事项形成的，预期会导致经济利益流出企业的现时义务，因此选项B表述不正确；利润反映收入减去费用、直接计入当期损益的利得减去损失后的净额，因此选项C表述不正确。

10. 【答案】 B

【解析】 选项A、D，是资产内部的一增一减；选项C，是资产、负债的同时减少。

11. 【答案】 D

【解析】 盘盈利得应计入营业外收入，而营业外收入不属于营业收入。

12. 【答案】 D

【解析】 收入不包括为第三方或者客户代收的款项，如增值税销项税额。

13. 【答案】 A

【解析】 选项A，正确的说法是除非发生减资、清算或分派现金股利，企业不需要偿还所有者权益。

14. 【答案】 D

【解析】 历史成本又称实际成本，是指取得或制造某项财产物资实际支付的现金或现金等价物。选项A、B、C，表述的都不是历史成本。

15. 【答案】 B

【解析】 选项A、C，属于负债；选项D，不符合资产的定义。

16. 【答案】 C

【解析】 投资人投入的资金称为所有者权益，债权人投入的资金称为负债。资金投入企业后，形成企业的资产，资产＝负债＋所有者权益。

17. 【答案】 B

【解析】 选项A、C，资产和负债同时增加；选项B，资产和所有者权益同时增加；选项D，资产和负债同时减少。

18. 【答案】 C

【解析】 从等式的数量关系看，要保持等式的平衡，在等式的两边有同时增加的业务、有同时减少的业务，有等式的左边一增一减的业务，有等式的右边一增一减的业务。如果等式的左边增加右边减少，等式就不能平衡。

二、多项选择题

1. 【答案】 ABCD

【解析】 四个选项均正确。

2. 【答案】 AD

【解析】 选项A、D,会使企业负债总额增加;选项B、C,会使一项负债增加、另一项负债减少,但负债总额不变。

3. 【答案】 BCD

【解析】 利润的确认除了依赖收入和费用的确认,还和直接计入当期利润的利得和损失有关,因此选项A错误,选项B、C、D表述正确。

4. 【答案】 ABCD

【解析】 选项A,属于主营业务收入;选项B、C、D,都属于其他业务收入,而收入(营业收入)包括主营业务收入和其他业务收入。

5. 【答案】 ABD

【解析】 反映企业财务状况的静态要素有资产、负债和所有者权益,反映企业经营成果的动态要素有收入、费用和利润。

6. 【答案】 ACD

【解析】 生产费用由直接人工、直接材料和制造费用构成。

7. 【答案】 AC

【解析】 根据"资产=负债+所有者权益",可以判断选项A、C不可能发生。

8. 【答案】 ABD

【解析】 资产特征包括资产应为企业拥有或者控制的资源;资产预期会给企业带来经济利益;资产是由企业过去的交易或者事项形成的。

9. 【答案】 BD

【解析】 选项A、C,都是在所有者权益内部发生的增减变动,不会影响所有者权益和资产总额,因此不符合题目要求。

10. 【答案】 BCD

【解析】 营业成本包括主营业务成本和其他业务成本。选项C、D,属于主营业务成本;选项B,属于其他业务成本。选项A,属于销售费用。

11. 【答案】 ABCD

【解析】 所有者权益的来源包括所有者投入的资本、直接计入所有者权益的利得和损失、留存收益等。其中,直接计入所有者权益的利得和损失是指不应计入当期损益、会导致所有者权益发生增减变动的、与所有者投入资本或者向所有者分配利润无关的利得或者损失。所有者权益通常由实收资本(或股本)、其他权益工具(如优先股、永续债等)、资本公积(含股本溢价或资本溢价、其他资本公积)、其他综合收益、专项储备、盈余公积和未分配利润等构成。

12. 【答案】 AD

【解析】 选项B,是负债内部的一增一减;选项C,是资产负债同时减少的业务。

13. 【答案】 ABC

【解析】 选项D是反映财务状况的会计要素。

14. 【答案】 BC

【解析】 选项A,表述的是历史成本;选项D,表述的是可变现净值。

15. 【答案】 ABCD

【解析】 历史成本计量要求对企业资产、负债和所有者权益等项目的计量,基于经济业务的实际交易成本,而不考虑随后市场价格变动的影响;重置成本是现在时点的成本,它强调站在企业主体的角度,以投入某项资产上的价值作为重置成本,在实务中,重置成本多应用于盘盈固定资产的计量等;可变现净值是指在正常生产经营过程中,以预计售价减去进一步加工成本和预计销售费用以及相关税费后的净值,可变现净值通常应用于存货等资产减值情况下的后续计量;公允价值是指在公平交易中,熟悉情况的交易双方自愿进行资产交换或者债务清偿的金额,公允价值主要应用于交易性金融资产、交易性金融负债的计量。

16. 【答案】 CD

【解析】 选项A,收入和利得都会导致经济利益的流入;选项B,收入和利得都会导致所有者权益的增加。

17. 【答案】 BD

【解析】 费用是指企业日常经营活动中发生的、会导致所有者权益减少的、与向所有者分配利润无关的经济利益的总流出。

18. 【答案】 BC

【解析】 企业的资金来源分为所有者投入资金和债权人投入资金。

19. 【答案】 CD

【解析】 会计要素包括资产、负债、所有者权益、收入、费用和利润六个要素。其中,资产、负债和所有者权益反映企业的财务状况,收入、费用和利润反映企业的经营成果。

20. 【答案】 ABD

【解析】 利润是指企业在一定会计期间的经营成果。利润按照构成情况,可分为营业利润、利润总额和净利润三个层次。

21. 【答案】 BC

【解析】 选项A,导致资产和负债同时减少;选项D,导致资产和所有者权益同时增加。

三、判断题

1. 【答案】 √

2. 【答案】 ×

【解析】 收入、费用和利润这三项会计要素反映企业的经营成果。

3. 【答案】 √

【解析】 资产是指企业过去的交易或者事项形成的,由企业拥有或者控制的,预期会给企业带来经济利益的资源。

4. 【答案】 √

5. 【答案】 ×

【解析】 现值是指对未来现金流量以恰当的折现率进行折现后的价值,是考虑资金时间价值的一种计量属性。

6. 【答案】 ×

【解析】 临时租用1辆汽车不符合资产的定义,既不由企业控制,也不由企业拥有,不能确认为资产。

7. 【答案】 √

8. 【答案】 ×

   【解析】 "资产＝负债＋所有者权益"体现了企业资金运动过程中某一特定日期的资产分布和权益构成。

9. 【答案】 ×

   【解析】 利润总额是指营业利润加上营业外收入,减去营业外支出后的金额。

10. 【答案】 ×

    【解析】 费用表现为企业资产的减少或负债的增加,最终会导致企业所有者权益的减少且与向所有者分配利润无关。并非所有资产减少或负债增加而引起的所有者权益减少都意味着企业发生了费用。例如,企业所有者收回投资或企业向所有者分配利润,虽然会引起企业的资产减少或负债增加,并使企业的所有者权益减少,但它们并不属于企业发生的费用。

11. 【答案】 √

12. 【答案】 ×

    【解析】 资产和权益是恒等的关系,企业的任何经济活动都不会破坏这一基本的恒等关系。

13. 【答案】 √

14. 【答案】 ×

    【解析】 营业外收入和营业外支出均不是"日常活动",对计算营业利润没有影响,只影响利润总额和净利润。

15. 【答案】 ×

    【解析】 所有者权益是指企业资产扣除负债后,由所有者享有的剩余权益,代表企业投资人对企业净资产的所有权。

16. 【答案】 √

    【解析】 所有者权益是指企业资产扣除负债后,由所有者享有的剩余权益。所有者权益是所有者对企业资产的剩余索取权,是企业资产中扣除债权人权益后应由所有者享有的部分,表明企业的产权关系,即企业归谁所有。例如,在企业清算时,资产要先清偿债务,有剩余时才会分配给投资者。

17. 【答案】 √

18. 【答案】 ×

    【解析】 "资产＝负债＋所有者权益"这一会计等式,是复式记账法的理论基础,也是编制资产负债表的基础;"收入－费用＝利润"这一会计等式是编制利润表的基础。

19. 【答案】 ×

    【解析】 企业银行存款提现,会使"库存现金"增加,"银行存款"减少,这项业务是资产内部的一增一减。

第三章 会计科目与账户

【分节习题必会】答案及解析

第一节 会计科目

一、单项选择题

1. 【答案】 C

   【解析】 凡是特定主体能够以货币表现的经济活动,都是会计对象。会计对象又分为三个层次:资金运动→会计要素→会计科目。因此,选项C,是会计对象的第三个层次。

2. 【答案】 C

   【解析】 选项C,"制造费用"属于成本类科目。

3. 【答案】 A

   【解析】 负债类会计科目按其流动性分为流动负债和非流动负债。

4. 【答案】 C

   【解析】 会计科目按其提供信息的详细程度及其统驭关系分为总分类科目(又称"总账科目"或"一级科目")和明细分类科目(又称"明细科目")。

5. 【答案】 B

   【解析】 在我国,总分类科目原则上由财政部统一制定。

6. 【答案】 A

   【解析】 "待处理财产损溢"科目属于资产类科目。

7. 【答案】 C

   【解析】 合法性原则是指所设置的会计科目应当符合国家统一的会计制度的规定,因此选项A错误;相关性原则是指所设置的会计科目应当为提供各方会计信息使用者所需要的会计信息服务,满足对外报告与对内管理的要求,因此选项B错误;会计科目设置原则包括合法性、相关性、实用性,选项D错误。

8. 【答案】 A

   【解析】 对于明细科目较多的总分类科目,可在总分类科目与明细科目之间设置二级或多级科目,如设置二级明细科目、三级明细科目等。这里的"燃料""焦炭"都属于明细科目,"燃料"是二级明细科目,而"焦炭"是三级明细科目。会计科目中没有一级明细科目的说法,原材料是总分类科目(又称"总账科目"或"一级科目")。

9. 【答案】 C

   【解析】 会计科目是对会计要素的具体内容进行分类核算的项目。

二、多项选择题

1. 【答案】 BCD

【解析】 选项A,属于流动资产;选项B、C、D,属于企业的长期资产。容易混淆的是工程物资与原材料,两者的物质形态一样,同样的材料用于日常活动则为原材料(属于存货的一种),属于流动资产,而用于在建工程则为工程物资,属于非流动资产。

2.【答案】 ABC

【解析】 选项D,属于实用性原则。

3.【答案】 AB

【解析】 选项C、D,盈余公积和未分配利润统称为留存收益。

4.【答案】 BCD

【解析】 选项A,"本年利润"科目属于所有者权益类科目,但属于利润要素。选项B、C、D,属于所有者权益类科目、所有者权益要素。

三、判断题

1.【答案】 ×

【解析】 并不是所有的总分类科目都需要进行细分并设立明细科目,是否设立明细账户视企业实际情况而定。比如"库存现金"科目一般就只设置总账科目。

2.【答案】 √

3.【答案】 √

4.【答案】 ×

【解析】 会计要素是对会计对象的基本分类,而会计科目是对会计要素的具体内容进行分类核算的项目。

5.【答案】 ×

【解析】 总分类科目原则上由财政部统一规定。

6.【答案】 ×

【解析】 成本类科目按成本的不同内容和性质,可分为反映制造成本的科目、反映劳务成本的科目和反映研发成本的科目。

第二节 账 户

一、单项选择题

1.【答案】 D

【解析】 会计科目是账户的名称,也是设置会计账户的依据。

2.【答案】 B

【解析】 会计科目与账户都是对会计对象具体内容的分类,两者核算内容一致,性质相同。

二、多项选择题

1.【答案】 ABCD

【解析】 四个选项均正确。

2.【答案】 ABD

【解析】 根据"期末余额=期初余额+本期增加发生额-本期减少发生额",可知

"期末余额－期初余额－本期增加发生额＝－本期减少发生额"。因此选项C不正确。

三、判断题

1. 【答案】 ×

   【解析】 会计科目是账户的名称,不存在结构;账户具有一定的格式和结构,账户与会计科目并不是完全相同的概念,两者既有联系又有区别。

2. 【答案】 √

【本章习题必练】答案及解析

一、单项选择题

1. 【答案】 C

   【解析】 "预收账款"属于负债类科目,其余三项均属于资产类科目。

2. 【答案】 B

   【解析】 账户是根据会计科目开设的。

3. 【答案】 B

   【解析】 盈余公积和未分配利润统称为留存收益。

4. 【答案】 C

   【解析】 企业必须根据规定的会计科目设置会计账户。

5. 【答案】 D

   【解析】 账户余额按照其表现的时间不同,可以划分为期初余额和期末余额。

6. 【答案】 D

   【解析】 反映流动负债的科目包括"短期借款""应付账款""应付票据""预收账款""其他应付款""应付职工薪酬""应交税费"和"应付股利"等科目。反映非流动负债的科目包括"长期借款""应付债券"和"长期应付款"等科目。因此选项D不属于流动负债科目。

7. 【答案】 C

   【解析】 账户按其所提供信息的详细程度及其统驭关系不同,分为总分类账户和明细分类账户。总分类账户是指根据总分类科目设置的、用于对会计要素具体内容进行总括分类核算的账户。明细分类账户是根据明细分类科目设置的、用来对会计要素具体内容进行明细分类核算的账户。账户按其所反映的经济内容不同,分为资产类账户、负债类账户、共同类账户、所有者权益类账户、成本类账户和损益类账户等。

8. 【答案】 B

   【解析】 会计科目是指对会计要素的具体内容进行分类核算的项目。

9. 【答案】 A

   【解析】 选项A,"投资收益"和"管理费用"科目均属于损益类科目。选项B,"本年利润"科目属于所有者权益类科目。选项C,"无形资产"科目属于资产类科目。选项D,"应交税费"科目属于负债类科目。

10. 【答案】 D

    【解析】 资产类科目是对资产要素的具体内容进行分类核算的项目,按资产的流动性分为反映流动资产的科目和反映非流动资产的科目。其中,存货属于流动资产,而工程物资属于非流动资产。因此选项 D 不属于存货项目。

11. 【答案】 D

【解析】 选项 D,"生产成本"和"制造费用"科目同属于成本类科目;选项 A,"固定资产"科目属于资产类科目;选项 B、C,"其他业务成本"和"主营业务成本"科目均属于损益类科目。

12. 【答案】 A

【解析】 会计科目的设置原则中,没有谨慎性的要求。

13. 【答案】 A

【解析】 账户的设置是以会计科目为依据的,同时要服从于会计报表对会计信息的要求。

14. 【答案】 D

【解析】 总分类科目又称总账科目或一级科目,原则上由财政部统一规定。

二、多项选择题

1. 【答案】 BCD

【解析】 选项 A,"预收账款"属于负债类科目。

2. 【答案】 AB

【解析】 会计科目和账户所反映的会计对象的具体内容是相同的,两者口径一致,性质相同,都是体现对会计要素具体内容的分类,选项 A、B 正确。会计科目是账户的名称,也是设置账户的依据,选项 C 错误。会计科目仅仅是账户的名称,不存在结构,而账户则具有一定的格式和结构,选项 D 错误。

3. 【答案】 ABCD

【解析】 四个选项均正确。

4. 【答案】 ABCD

【解析】 四个选项均正确。

5. 【答案】 BCD

【解析】 "生产成本"和"制造费用"都是成本类科目,但归属于资产要素,因此选项 B、C 错误;"销售费用"是损益类科目,归属于费用要素,因此选项 D 错误。

6. 【答案】 AC

【解析】 选项 B,属于非流动负债账户;选项 D,属于流动资产账户。

7. 【答案】 ABD

【解析】 账户的期初余额、期末余额、本期增加发生额和本期减少发生额统称为账户的四个金额要素。对于同一账户而言,它们之间的基本关系如下:期末余额＝期初余额＋本期增加发生额－本期减少发生额。该公式移向时要变号。因此,选项 C 错误。

8. 【答案】 AD

【解析】 会计科目可按其反映的经济内容(即所属会计要素)分类,也可以按所提供信息的详细程度及其统驭关系分类。

9. 【答案】 ABCD

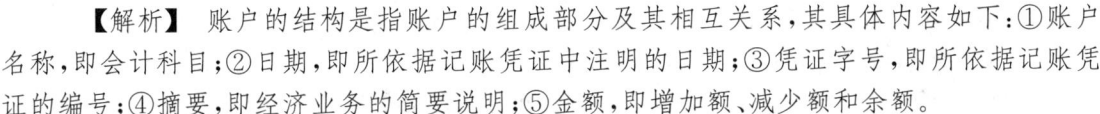

【解析】 账户的结构是指账户的组成部分及其相互关系,其具体内容如下:①账户名称,即会计科目;②日期,即所依据记账凭证中注明的日期;③凭证字号,即所依据记账凭证的编号;④摘要,即经济业务的简要说明;⑤金额,即增加额、减少额和余额。

10.【答案】 ACD

【解析】 会计科目是账户的名称,没有格式和结构,因此,选项B错误。

三、判断题

1.【答案】 ×

【解析】 会计科目设置过程中应遵循合法性、相关性、实用性原则。

2.【答案】 √

3.【答案】 √

4.【答案】 ×

【解析】 账户是根据会计科目开设的,两者核算内容一致,性质相同。

5.【答案】 √

6.【答案】 ×

【解析】 明细分类账户的设立取决于企业内部经营管理的特殊要求,并不是设置越细越好。

7.【答案】 ×

【解析】 会计科目的设置原则必须遵循合法性原则、相关性原则和实用性原则。其中,实用性原则是指所设置的会计科目应符合单位自身特点,满足单位实际需要。例如,对于制造企业而言,因生产经营需要设置反映生产耗费的"生产成本"科目;而对于商品流通企业,不进行商品生产,因而不需要设置"生产成本"科目。

8.【答案】 ×

【解析】 除了会计准则规定设置的,企业可以根据本单位的需要自行设置明细账户进行核算。

9.【答案】 ×

【解析】 "资本公积"科目是反映资本的科目;"盈余公积"科目是反映留存收益的科目。

10.【答案】 √

11.【答案】 √

12.【答案】 √

四、计算分析题

1.(1)【答案】 BC

【解析】 权益包括负债(债权人权益)和所有者权益。6月"短期借款"账户期初余额为80 000元,本期发生额为归还向工商银行的流动资金借款60 000元,所以,期末余额为20 000元。"应付账款"期初余额为70 000元,本期发生额为偿还前欠丁物流公司的购货款20 000元,所以,期末余额为50 000元。"实收资本"科目期初余额为150 000元,本期发生额为收到300 000元的材料,所以,期末余额为450 000元。因此,6月末权益金额=20 000+

50 000＋450 000＝520 000(元)。

(2)【答案】 AD

【解析】 20×8年6月8日,当天发生的会计活动是用转账支票购入卡车,所以,应分别在"银行存款"和"固定资产"账户核算。

(3)【答案】 AD

【解析】 20×8年6月22日,当天发生的会计活动是丙医药公司用银行承兑汇票偿还前欠本公司货款,所以,应分别在"应收票据"和"应收账款"账户进行核算。

(4)【答案】 BC

【解析】 乙生物科技公司用材料向甲制药公司投资会导致甲制药公司资产增加,所有者权益增加,因此,选项A说法错误。甲制药公司20×8年6月月末"固定资产"余额＝300 000＋250 000＝550 000(元),因此,选项B说法正确。20×8年6月月末银行存款账户余额＝850 000－3 000－250 000－60 000＝537 000(元),因此,选项C说法正确。甲制药公司于20×8年6月15日收到乙生物科技公司的投资,这样,实收资本金额会发生变化,因此,选项D说法错误。

第四章　会计记账方法

【分节习题必会】答案及解析

第一节　会计记账方法的种类

一、单项选择题

1.【答案】 B

【解析】 复式记账的记账基础是会计等式"资产＝负债＋所有者权益＝权益"。

2.【答案】 D

【解析】 复式记账法是指对于每一笔经济业务,都必须用相等的金额在两个或两个以上相互联系的账户中进行登记,全面、系统地反映会计要素增减变化的一种记账方法。

二、多项选择题

1.【答案】 ACD

【解析】 复式记账法按照记账符号不同,可分为借贷记账法、收付记账法和增减记账法。

2.【答案】 ABCD

【解析】 四个选项均正确。

三、判断题

1.【答案】 ×

【解析】《企业会计准则——基本准则》第 11 条规定:"企业应当采用借贷记账法记账",因此本题说法错误。

2.【答案】 ×

【解析】 复式记账法是指对于每一笔经济业务,都必须以相等的金额在两个或两个以上相互联系的账户中进行登记,全面、系统地反映会计要素增减变化的一种记账方法;平行登记是指对所发生的每项经济业务都以会计凭证为依据,一方面记入有关总分类账户,另一方面记入总账所属明细分类账户的方法。

第二节 借贷记账法

一、单项选择题

1.【答案】 C

【解析】 选项 A、B、D 的说法都太绝对了。

2.【答案】 A

【解析】 权益类账户的贷方表示增加、借方表示减少,期初期末余额均在贷方。

3.【答案】 B

【解析】 账户的贷方用来登记资产类账户的减少、负债和所有者权益类账户的增加、收入类账户的增加、成本类账户的减少、费用类账户的减少。

4.【答案】 D

【解析】 "预付账款"属于资产类账户,借方表示增加,贷方表示减少,余额一般在借方;因此,"预付账款"账户的期末余额=期初余额+借方发生额-贷方发生额。

5.【答案】 D

【解析】 会计分录由应借应贷方向、相互对应的账户名称、记录的金额三个要素构成。因此,选项 D 不属于会计分录的基本要素。

6.【答案】 B

【解析】 费用类账户的借方表示增加、贷方表示减少,期末结转后一般没有余额。

7.【答案】 D

【解析】 账户期末余额试算平衡的平衡公式为:全部账户的期末借方余额合计=全部账户的期末贷方余额合计。

二、多项选择题

1.【答案】 AD

【解析】 试算平衡中全部会计账户月末借方余额合计应该等于全部账户月末贷方余额合计。根据"库存现金"账户的性质,应该是借方余额,且是由于其计算不正确而导致试算不平衡,则由此可以认定"库存现金"账户是借方余额多记了 4 000 元(84 000-80 000)。

2.【答案】 BD

【解析】 选项 A,损益类账户反映企业发生的收入和费用,不是成本;选项 C,损益类账户中的费用类账户借方登记费用的增加数。

3.【答案】 AB

【解析】 借贷记账法的记账规则是"有借必有贷,借贷必相等",即当发生经济交易

133

或者事项时，企业必须按照相同的金额，一方面记入一个或多个账户的借方，另一方面同时记入一个或几个账户的贷方，借方金额合计与贷方金额合计必须相等。

  4.【答案】 AB

  【解析】 平衡关系主要包括全部账户的借方余额合计数＝全部账户的贷方余额合计数（余额试算平衡）、全部账户的本期借方发生额合计数＝全部账户的本期贷方发生额合计数（发生额试算平衡）。

  5.【答案】 CD

  【解析】 选项A、B，无法通过试算平衡查找记账错误。

  6.【答案】 ABC

  【解析】 在实际工作中，编制会计分录是通过填制记账凭证来完成的，因此选项D表述错误。

  7.【答案】 ABCD

  【解析】 四个选项均正确。

  8.【答案】 ABD

  【解析】 与资产类账户结构相反的账户是权益类账户（包括负债类账户和所有者权益类账户）、收入类账户。

  9.【答案】 BCD

  【解析】 试算平衡是指根据借贷记账法的记账规则（即"有借必有贷，借贷必相等"）和资产与权益的恒等关系（即"资产＝负债＋所有者权益"），通过对所有账户的发生额和余额的汇总计算和比较，来检查记录是否正确的一种方法。

三、判断题

  1.【答案】 √

  2.【答案】 √

  3.【答案】 ×

  【解析】 为了保持账户对应关系清晰，只能是在一笔经济业务客观存在复杂关系时，才编制"多借多贷"的复合会计分录。不同的经济业务不可以合并在一起编制"多借多贷"的会计分录。

  4.【答案】 ×

  【解析】 试算平衡了，只能说明记账和结账有可能正确，但不能说明绝对正确。

  5.【答案】 ×

  【解析】 复合会计分录是指由两个以上（不含两个）对应账户所组成的会计分录，即一借多贷、多借一贷、多借多贷的会计分录。

  6.【答案】 ×

  【解析】 "借方期末余额＝借方期初余额＋本期借方发生额－本期贷方发生额"这一公式适用于资产类、成本类等账户的结算，并不是适用于任何性质账户的结算。

  7.【答案】 ×

  【解析】 若企业所有总分类账户期初余额是平衡的，本期发生额试算不平衡，则期末余额试算不会平衡。

8.【答案】 ×

【解析】 借贷记账法的记账规则是"有借必有贷,借贷必相等"。即对于发生的每一笔经济业务,都要在两个或两个以上相互联系的会计科目中以借方和贷方的金额进行登记。

【本章习题必练】答案及解析

一、单项选择题

1.【答案】 A

【解析】 "应收账款"属于资产类账户,"应收账款"账户的期末余额＝期初余额＋本期借方发生额－本期贷方发生额。

2.【答案】 B

【解析】 编制发生额试算平衡表的平衡公式为:全部账户的借方发生额合计＝全部账户的贷方发生额合计。所有者权益增加时记在账户的贷方。

3.【答案】 B

【解析】 备抵账户的结构与所调整账户的结构正好相反。

4.【答案】 D

【解析】 会计实际工作中,多借多贷分录较少出现(一般只能是在一笔经济交易或事项客观存在复杂关系时,才需要编制多借多贷的复合会计分录),选项 D 错误,选项 A、B、C 表述正确。

5.【答案】 A

【解析】 借贷记账法的记账规则是"有借必有贷,借贷必相等"。

6.【答案】 B

【解析】 负债类账户、所有者权益类账户与收入类账户的增加记入贷方。

7.【答案】 A

【解析】 成本类账户的借方登记成本的增加额,贷方登记成本的减少额,期末若有余额,应在借方。

8.【答案】 C

【解析】 所有者权益类账户的期初、期末余额都在贷方,增加额也在贷方,减少额在借方,因此,选项 C 正确。

9.【答案】 C

【解析】 所有者权益类账户的借方登记减少额;贷方登记增加额;期末余额一般在贷方。

10.【答案】 A

【解析】 根据试算平衡原理,全部账户本期借方发生额合计＝全部账户本期贷方发生额合计,可以判断"短期借款"账户应该是贷方发生额5万元。

11.【答案】 C

【解析】 账户的对应关系是指采用借贷记账法对每笔交易或事项进行记录时,相关账户之间形成的应借、应贷的相互关系。

12.【答案】 B

【解析】 选项 A、C、D,为复合会计分录。

13. 【答案】 C

【解析】 收入类账户属于损益类账户,一般情况下期末应该转入"本年利润"账户,因此期末无余额。

二、多项选择题

1. 【答案】 AB

【解析】 "本年利润"账户期末应该转入"利润分配——未分配利润"账户,"主营业务收入"账户期末应该转入到"本年利润"账户,年末没有余额。

2. 【答案】 BD

【解析】 选项 A,是资产负债的同时减少;选项 C,是负债内部的一增一减。

3. 【答案】 ABC

【解析】 账户借方登记资产的增加、成本的增加、费用的增加、负债的减少、所有者权益的减少、收入的减少。

4. 【答案】 ACD

【解析】 选项 A、C、D,涉及两个资产类账户,其中一个增加,另一个减少;选项 B,涉及资产类账户和负债类账户。

5. 【答案】 AD

【解析】 试算平衡是指根据借贷记账法的记账规则和资产与权益的恒等关系,通过对所有账户的发生额和余额的汇总计算和比较,来检查记录是否正确的一种方法。试算平衡包括发生额试算平衡和余额试算平衡。

6. 【答案】 ABD

【解析】 选项 C,是单式记账法的特点。

7. 【答案】 AC

【解析】 负债、收入增加记入贷方,减少记入借方;资产、成本增加记入借方,减少记入贷方。

8. 【答案】 ABD

【解析】 损益类账户期末一般无余额。选项 A、B、D,都属于损益类账户;选项 C,属于所有者权益类账户。

9. 【答案】 ABCD

【解析】 四个选项均正确。

三、判断题

1. 【答案】 ×

【解析】 "资产＝负债＋所有者权益"这一会计恒等式,是复式记账法的理论基础,也是编制资产负债表的依据。

2. 【答案】 √

【解析】 应收账款属于资产类账户,资产增加记入借方,资产减少记入贷方。

3. 【答案】 √

4. 【答案】 √

5. 【答案】 √
6. 【答案】 ×
【解析】 即使试算平衡表是平衡的,也并不能说明账户记录绝对正确,因为有些错误并不会影响借贷双方的平衡关系。

四、计算分析题

【答案解析】

表 4-32　　　　　　　　　总分类账户试算平衡表
20×9 年 6 月 30 日　　　　　　　　　　　　　单位:元

账户名称	期初余额		本期发生额		期末余额	
库存现金	150		2 000		2 150	
银行存款	100 000		150 000	47 400	202 600	
原材料	2 350		100 000	15 000	87 350	
固定资产	80 000		30 000		110 000	
生产成本	7 500		15 000		22 500	
短期借款		5 000	15 000	100 000		90 000
应付账款		25 000	400	100 000		124 600
实收资本(股本)		160 000		50 000		210 000
合计	190 000	190 000	312 400	312 400	424 600	424 600

第五章　借贷记账法下主要经济业务的账务处理

【分节习题必会】答案及解析

第一节　企业的主要经济业务

一、单项选择题

1. 【答案】 A
   【解析】 选项 B、D,属于资金的运用;选项 C,属于资金的投入。
2. 【答案】 A
   【解析】 资金的投入是企业获取资金的过程,是资金运动的起点。

二、多项选择题

1. 【答案】 ABD
   【解析】 企业的资金运动表现为资金的投入、资金的运用和资金的退出三个过程。
2. 【答案】 ABC

【解析】 工业企业的经营过程包括供应、生产、销售等环节的不断循环与周转。

三、判断题

1. 【答案】 √
2. 【答案】 ×
   【解析】 资金的投入是企业获取资金的过程,是资金运动的起点。

第二节 资金筹集业务的账务处理

一、单项选择题

1. 【答案】 C
   【解析】 "短期借款"账户只反映借款的本金,因借款而发生的利息不在本账户反映,而应记入"应付利息"账户。
2. 【答案】 C
   【解析】 有限责任公司在初建时,各投资者按照合同、协议或公司章程规定投入企业的资本,应全部记入"实收资本"账户,公司成立之后增资扩股时,如有新投资者加入,其缴纳的出资额大于其按约定比例计算的在公司注册资本中所占份额部分作为资本溢价,记入"资本公积"账户核算。
3. 【答案】 C
   【解析】 筹建期的长期借款利息应计入管理费用。
4. 【答案】 D
   【解析】 选项D,"长期借款——本金"账户,只有在取得或支付长期借款本金时才会涉及。
5. 【答案】 D
   【解析】 选项A、B、C,都通过"其他货币资金"账户核算。
6. 【答案】 A
   【解析】 资本公积是企业收到投资者投入的超出其在企业注册资本(或股本)中所占份额的投资,以及其他资本公积等。

二、多项选择题

1. 【答案】 BC
   【解析】 选项A、D,属于债权人投入的资金形成企业的负债。
2. 【答案】 ABC
   【解析】 计提的长期借款应付未付的利息,如果是到期一次还本付息,则通过"长期借款——应计利息"账户核算,如果是分期付息,则通过"应付利息"账户核算。
3. 【答案】 AB
   【解析】 股份有限公司发行股票收到现金资产时,借记"银行存款"等科目,按每股股票面值和发行股份总额的乘积计算的金额,贷记"股本"科目,实际收到的金额与该股本之间的差额,贷记"资本公积——股本溢价"科目。

三、判断题

1. 【答案】 ×

   【解析】 所有者权益是对企业净资产的所有权。

2. 【答案】 ×

   【解析】 资本公积的形成与企业净利润无关。在所有者权益中,与企业净利润有关的是盈余公积和未分配利润(称为留存收益)。

3. 【答案】 √

4. 【答案】 √

5. 【答案】 ×

   【解析】 投资者的投资额与注册资本相等的部分,记入"实收资本"或"股本"账户,大于按约定比例计入实收资本份额的部分,记入"资本公积"账户。

6. 【答案】 ×

   【解析】 短期借款的利息可以预提,如按月预提、按季支付。

7. 【答案】 ×

   【解析】 短期借款利息一律计入财务费用。

第三节 固定资产业务的账务处理

一、单项选择题

1. 【答案】 C

   【解析】 可比性要求同一企业对于在不同时期发生的相同或者相似的交易或事项,应当采用一致的会计政策进行处理,不得随意变更会计政策。

2. 【答案】 B

   【解析】 以经营租赁方式租出(简称"经营租出")的固定资产,其应计提的折旧应记入"其他业务成本"账户。

二、多项选择题

1. 【答案】 AC

   【解析】 选项 B,处于更新改造过程停止使用的固定资产,应将其账面价值转入在建工程,不再计提折旧。更新改造项目达到预定可使用状态转为固定资产后,再按照重新确定的折旧方法和该项固定资产尚可使用寿命计提折旧。选项 D,固定资产提足折旧后,无论能否继续使用,均不再计提折旧。

2. 【答案】 ABC

   【解析】 选项 D,固定资产出租属于让渡资产使用权,取得的租金计入其他业务收入。

3. 【答案】 ACD

   【解析】 企业购入不需要安装的固定资产,应按实际支付的购买价款、相关税费以及使固定资产达到预定可使用状态前所发生的可归属于该项资产的运输费、装卸费、安装费和专业人员服务费等,作为固定资产的成本,借记"固定资产"科目,按可以抵扣的增值进项税额,借记"应交税费——应交增值税(进项税额)"科目,按实际支付的款项,贷记"银行存款"等科目。

4. 【答案】 ABCD

【解析】 企业因毁损等原因转出的固定资产价值以及在清理过程中所发生的清理费用、清理收入和保险赔偿等,均应记入"固定资产清理"账户。

5. 【答案】 ACD

【解析】 增值税一般纳税人企业购入的固定资产价值中,支付的增值税进项税额不计入固定资产价值。

三、判断题

1. 【答案】 ×

【解析】 固定资产磨损的价值应在"累计折旧"账户的贷方反映。

2. 【答案】 √

3. 【答案】 √

第四节 材料采购业务的账务处理

一、单项选择题

1. 【答案】 C

【解析】 上月采购时,因为没有验收入库,应借记"在途物资"科目,本月入库时,借记"原材料"科目,贷记"在途物资"科目。

2. 【答案】 C

【解析】 材料的采购成本是指企业物资从采购到入库前所发生的全部支出,包括购买价款、相关税费、运输费、装卸费、保险费以及其他可归属于采购成本的费用。一般纳税人采购材料而计入材料采购成本的相关税费包括购买方缴纳的进口环节关税等,但不包括一般纳税人可以从增值税销项税额中抵扣的增值税进项税额。小规模纳税人采购材料的增值税进项税额不得抵扣,而应计入固定资产成本。

3. 【答案】 C

【解析】 采购成本＝100 000＋5 000＝105 000(元)。一般纳税人企业购进货物的增值税进项税额不计入材料采购成本。

4. 【答案】 A

【解析】 印花税不需要预提,不通过"应交税费"账户处理。缴纳印花税时,应当直接借记"税金及附加"科目,贷记"银行存款"等科目。

5. 【答案】 D

【解析】 选项D,属于增值税进项税额不得从销项税额抵扣的情形,相关进项税额通过"应交税费——应交增值税(进项税额转出)"账户转出。

6. 【答案】 B

【解析】 选项A、C,应当借记"应付账款"科目;选项D,与"应付账款"科目没有关系,而应记入"应交税费"科目。

二、多项选择题

1. 【答案】 AD

【解析】 "材料采购"账户用来核算企业采用计划成本进行材料日常核算而购入材料的采购成本,借方登记采购材料的实际成本、材料入库时结转的节约差异,贷方登记入库材料的计划成本、材料入库时结转的超支差异。

2.【答案】 AC

【解析】 "材料成本差异"账户贷方登记入库材料形成的节约差异、转出的发出材料应负担的超支差异。

三、判断题

1.【答案】 √

2.【答案】 ×

【解析】 "应交税费"账户贷方登记各种应缴未缴税费的增加额,借方登记实际缴纳的税费,期末余额一般在贷方,反映企业尚未缴纳的税费;期末余额如在借方,反映企业多交或尚未抵扣的税费。

3.【答案】 ×

【解析】 对发票账单尚未到达的入库材料,月末应按暂估价入账。

4.【答案】 √

第五节 生产业务的账务处理

一、单项选择题

1.【答案】 B

【解析】 选项A,记入"制造费用"账户;选项C,记入"管理费用"账户;选项D,记入"销售费用"账户。

2.【答案】 B

【解析】 "生产成本"账户期末借方余额,反映企业尚未加工完成的在产品成本。

3.【答案】 C

【解析】 企业按照有关规定向职工支付工资、奖金、津贴等,借记"应付职工薪酬——工资"科目,贷记"银行存款"和"库存现金"等科目。

4.【答案】 B

【解析】 企业计提生产车间管理人员的短期职工薪酬(属于间接费用)时,应借记"制造费用"科目,贷记"应付职工薪酬——工资"科目。

5.【答案】 D

【解析】 期末将本期实际发生的制造费用总额分配计入各种产品的生产成本时,从"制造费用"账户转出,转入"生产成本"账户,即借记"生产成本"科目,贷记"制造费用"科目。

6.【答案】 A

【解析】 月末一次加权平均法下,加权平均单位成本=(月初库存存货实际成本+本月购入存货实际成本)÷(月初库存存货数量+本月购入存货数量)。

二、多项选择题

1.【答案】 ABD

【解析】 选项 A,直接计入"生产成本";选项 B,先计入"制造费用",再转入"生产成本";选项 C,直接计入"管理费用";选项 D,先计入"在建工程",再转入"固定资产"。

2.【答案】 ABD

【解析】 构成产品成本的三大部分(直接材料、直接人工和制造费用)结转至生产成本时,借记"生产成本"科目,分别贷记"原材料""应付职工薪酬"和"制造费用"科目。

3.【答案】 AC

【解析】 制造费用是指企业为生产产品和提供服务而发生的各项间接费用,如生产部门所发生的水电费、管理人员的职工薪酬、固定资产折旧、无形资产摊销、机物料消耗、低值易耗品摊销、取暖费、办公费、劳保费、国家规定的有关环保费用、季节性和修理期间内的停工损失、废品损失、运输费、保险费等。选项 B,属于销售费用;选项 D,属于管理费用。

4.【答案】 ABCD

【解析】 四个选项均正确。

5.【答案】 ABCD

【解析】 四个选项均正确。

6.【答案】 ABD

【解析】 "库存商品"账户借方登记验收入库的库存商品成本,贷方登记发出的库存商品成本。期末余额在借方,反映各种库存商品的实际成本或计划成本。

三、判断题

1.【答案】 √

2.【答案】 ×

【解析】 企业为职工缴纳的基本养老保险金、补充养老保险费以及为职工购买的商业养老保险,均属于企业为获得职工提供的服务而给予的报酬,属于职工薪酬的范畴。

第六节 销售业务的账务处理

一、单项选择题

1.【答案】 B

【解析】 合同负债用来核算企业已收或应收客户对价而应向客户转让商品的义务。

2.【答案】 C

【解析】 收回应收账款时,借记"银行存款"等科目,贷记"应收账款"科目。

二、多项选择题

1.【答案】 ABCD

【解析】 "应收账款"账户借方登记应收账款的增加,贷方登记应收账款的收回、确认的坏账损失,期末余额一般在借方,反映企业尚未收回的应收账款(如果期末余额在贷方,则反映企业的预收账款)。

2.【答案】 ACD

【解析】 其他业务成本是指企业确认的除了主营业务活动的其他经营活动所发生的成本,包括销售材料的成本、出租固定资产的折旧额、出租无形资产的摊销额、出租包装物的成本或摊销额等。选项 B,应确认为主营业务成本。

3.【答案】 ABD

【解析】 选项 A、D,通过"其他货币资金"账户核算;选项 B,通过"银行存款"账户核算。

4.【答案】 BC

【解析】 选项 A,计入营业外收入;选项 B,计入营业收入(其他业务收入);选项 C,计入营业收入(主营业务收入);选项 D,计入财务费用。

三、判断题

1.【答案】 ×

【解析】 应冲减当期销售收入。

2.【答案】 √

3.【答案】 √

4.【答案】 √

第七节　期间费用的账务处理

一、单项选择题

1.【答案】 A

【解析】 期间费用是指企业日常活动中不能直接归属于某个特定成本核算对象的,在发生时应直接计入当期损益的各种费用。

2.【答案】 B

【解析】 选项 A、C,计入销售费用;选项 B,计入管理费用;选项 D,计入生产成本。

二、多项选择题

1.【答案】 ABC

【解析】 选项 D,业务招待费在管理费用中核算。

2.【答案】 ABD

【解析】 期间费用包括管理费用、销售费用和财务费用。

3.【答案】 BD

【解析】 选项 A、C,是企业非日常活动发生的,应作为企业的损失,计入营业外支出;选项 B,计入管理费用;选项 D,计入财务费用。

三、判断题

1.【答案】 √

2.【答案】 ×

【解析】 为购建或生产满足资本化条件的资产发生的应予资本化的借款费用,通过"在建工程""制造费用"等账户核算。

第八节 利润形成与分配业务的账务处理

一、单项选择题

1. 【答案】 C

   【解析】 利润总额＝营业利润＋营业外收入－营业外支出。

2. 【答案】 A

   【解析】 如果不存在年初累计亏损,提取法定盈余公积的基数为当年实现的净利润;如果存在年初累计亏损,提取法定盈余公积的基数应为当年实现的净利润超过年初累计亏损的金额,当年实现的净利润小于或者等于年初累计亏损时,不应计提盈余公积。甲公司提取法定盈余公积金的基数＝50－10＝40(万元)。

3. 【答案】 C

   【解析】 "未分配利润"账户的年初贷方余额是上年提取过法定盈余公积后结存的利润。不存在年初累计亏损,所以提取法定盈余公积的基数为当年实现的净利润。甲企业提取的法定盈余公积金＝70×10％＝7(万元)。

4. 【答案】 D

   【解析】 按照《公司法》的有关规定,公司制企业应当按照当年净利润(抵减年初累计亏损后)的10％提取法定盈余公积,提取的法定盈余公积累计额超过注册资本50％以上的,可以不再提取。

二、多项选择题

1. 【答案】 AC

   【解析】 营业外收入是指企业发生的与其日常活动无直接关系的各项利得。具体来说,营业外收入是指企业发生的营业利润以外的收益,主要包括与企业日常活动无关的政府补助、盘盈利得、捐赠利得(企业接受股东或股东的子公司直接或间接的捐赠,经济实质属于股东对企业的资本性投入的除外)、非流动资产毁损报废收益等。选项A、C,应计入营业外收入;选项B,应冲减财务费用;选项D,应计入其他业务收入。

2. 【答案】 BCD

   【解析】 选项A,与本年利润发生对应关系,不与利润分配发生对应关系;选项B、C、D,与利润分配发生对应关系的情况如下:

   选项B,年终结转本年利润:

   借:利润分配
   　　贷:本年利润

   (可能会编制相反的会计分录)

   选项C,提取盈余公积:

   借:利润分配
   　　贷:盈余公积

   选项D,宣布发放现金股利:

   借:利润分配
   　　贷:应付股利

3. 【答案】 ABCD

【解析】 四个选项均正确。

三、判断题

1. 【答案】 √

   【解析】 年度终了,应将"利润分配"账户下的其他明细账户金额转入"利润分配——未分配利润"账户,除了"利润分配"账户下的"未分配利润"明细账户可能有余额,"利润分配"账户下的其他明细账户应当无余额。

2. 【答案】 √

3. 【答案】 ×

   【解析】 "利润分配——未分配利润"账户可能有贷方的期初余额,与"利润分配——未分配利润"账户本期发生额互相冲减后,"利润分配——未分配利润"账户期末不一定为借方余额。

【本章习题必练】答案及解析

一、单项选择题

1. 【答案】 C

   【解析】 选项A,和"应收账款"账户没有关系;选项B、D,都是贷记"应收账款"科目。

2. 【答案】 D

   【解析】 "实收资本"账户期末有余额。

3. 【答案】 D

   【解析】 车间管理人员工资应计入制造费用。

4. 【答案】 B

   【解析】 期间费用包括管理费用、销售费用和财务费用,因此本期应确认的期间费用=10+20=30(万元)。

5. 【答案】 D

   【解析】 选项D,接受投资者追加投资,使所有者权益增加。其余三项都不会影响所有者权益总额发生变动。

6. 【答案】 A

   【解析】 实际成本法下"原材料"账户借方登记验收入库的原材料的实际成本。

7. 【答案】 B

   【解析】 加权平均单价(加权平均单位成本)=(月初库存存货实际成本+本月购入存货实际成本)÷(月初库存存货数量+本月购入存货数量)=(40×6 200+60×6 000)÷(40+60)=6 080(元/吨)。

8. 【答案】 A

   【解析】 对于采购中的合理损耗,一般的生产型企业应该计入采购存货的实际成本。

9. 【答案】 A

   【解析】 当物价持续上涨时,发出存货的计价方法如果采用先进先出法,会使发出存货的成本最低,因而期末库存存货的价值最大。

10. 【答案】 C

【解析】 企业以经营租赁方式出租固定资产,计提折旧时,应借记"其他业务成本"科目。

11. 【答案】 D

【解析】 应负担的材料成本差异=1 000×100×(-2%)=-2 000(元)

12. 【答案】 C

【解析】 转入清理的固定资产的净值、发生的清理费用和结转的固定资产清理净收益通过"固定资产清理"账户的借方核算;结转的固定资产清理净损失通过"固定资产清理"账户的贷方核算。

13. 【答案】 D

【解析】 年末时,"利润分配"账户除了"未分配利润"明细账户,其他明细账户应无余额。结转后,"利润分配——未分配利润"账户如为贷方余额,反映企业累计未分配的利润,如为借方余额,则表示累计未弥补的亏损。

14. 【答案】 A

【解析】 销售商品收入应记入"主营业务收入"账户。

15. 【答案】 D

【解析】 接受投资者投入固定资产的成本,应当按照投资合同或协议约定的价值确定,但合同或协议约定价值不公允的除外。

16. 【答案】 B

【解析】 "应付职工薪酬"账户是负债类账户,贷方登记本月计算的应付给职工的薪酬总额,借方登记本月实际支付的职工薪酬数额。选项A,应在"应付职工薪酬"账户的借方登记。选项C,与"应付职工薪酬"账户无关。选项D,为"应付职工薪酬"账户的期末贷方余额。

17. 【答案】 B

【解析】 首先,考虑购入小汽车应记入"固定资产"账户,其次,考虑购入固定资产发生的增值税进项税额可以抵扣,不计入固定资产价值。

18. 【答案】 C

【解析】 "本年利润"账户期末借方余额反映本年累计产生的亏损总额。

19. 【答案】 C

【解析】 选项A、B,固定资产提足折旧后,无论能否继续使用,均不再计提折旧;提前报废的固定资产也不再补提折旧。选项C,租入(短期租赁和低价值资产租赁除外)的固定资产属于承租方的固定资产,由承租方计提折旧;选项D,以短期租赁和低价值资产租赁方式租入的固定资产属于出租方的固定资产,由出租方计提折旧。

20. 【答案】 C

【解析】 企业开出并承兑的商业承兑汇票如果不能如期支付的,应在票据到期时,将"应付票据"票面金额转入"应付账款"账户。应付租金和应付存入保证金应该通过"其他应付款"账户来核算。

21. 【答案】 C

【解析】 固定资产发生改扩建应当按其账面价值结转至"在建工程"账户。

22.【答案】 B

【解析】 购建固定资产专门借入的款项,所发生的利息,在所购建的固定资产达到预定可使用状态之前发生的,应当在发生时予以资本化,计入相应的固定资产成本,在所购建的固定资产达到预定可使用状态后发生的,应当与发生当期确认为当期的财务费用。

23.【答案】 A

【解析】 企业销售货物时,按照实际已收或应收取的金额,借记"银行存款""应收账款""应收票据"等科目,按照实现的营业收入,贷记"主营业务收入"和"其他业务收入"等科目,按增值税专用发票上注明的增值税额,贷记"应交税费——应交增值税(销项税额)"科目。

24.【答案】 A

【解析】 预付账款不多的企业,可以不设"预付账款"账户,将发生的预付账款记入"应付账款"账户的借方。

25.【答案】 C

【解析】 实际发生差旅费2 300元,导致"管理费用"增加,记入"管理费用"账户的借方。交回剩余库存现金200元,导致"库存现金"增加,记入"库存现金"账户的借方,同时冲销之前确认的"其他应收款",记入"其他应收款"账户的贷方。其账务处理为:

借:管理费用　　　　　　　　　　　　　　　　　　　　　　　2 300
　　库存现金　　　　　　　　　　　　　　　　　　　　　　　　200
　　贷:其他应收款——王某　　　　　　　　　　　　　　　　　　2 500

26.【答案】 C

【解析】 短期借款的利息应当通过"财务费用"账户核算,长期借款的利息应该视不同情况而定,其中包括计入财务费用的情况。因此,长期借款和短期借款核算都可能涉及"财务费用"账户。

27.【答案】 A

【解析】 实际收到款项减去应付证券商的费用计入银行存款。股本按股票面值与股份总数的乘积确认。

28.【答案】 D

【解析】 选项A、C,计入其他业务收入;选项B,固定资产处置中清理净损益的处理分以下情况:①正常出售、转让所产生的利得或损失,记入"资产处置损益"科目;②属于已丧失使用功能正常报废所产生的利得或损失,记入"营业外收入——非流动资产毁损报废收益"或者"营业外支出——非流动资产毁损报废损失"科目;③自然灾害等非正常原因造成的利得或损失,记入"营业外收入——非流动资产毁损报废收益"或者"营业外支出——非常损失"科目。

29.【答案】 C

【解析】 管理费用是指企业为组织和管理企业生产经营活动所发生的各种费用,包括企业在筹建期间内发生的开办费、董事会和行政管理部门在企业的经营管理中发生的或者应由企业统一负担的公司经费(包括行政管理部门职工薪酬、物料消耗、低值易耗品摊销、办公费和差旅费等)、行政管理部门负担的工会经费、董事会费(包括董事会成员津贴、会议费和差旅费等)、聘请中介机构费、咨询费(含顾问费)、诉讼费、业务招待费、技术转让费、研究费用等,以及行政管理部门发生的固定资产修理费用等后续支出。广告费属于销售费用。

30. 【答案】 D
    【解析】 企业出售不动产,是所有权的转让,应计入资产处置损益。

31. 【答案】 B
    【解析】 应交企业所得税=(1 000+40)×25%=260(万元)。

32. 【答案】 B
    【解析】 车间管理人员工资分配时,应记入"制造费用"账户。

33. 【答案】 D
    【解析】 若取得增值税专用发票,则增值税进项税额应当单独列示,不构成一般纳税人外购材料的入账价值。

34. 【答案】 D
    【解析】 选项A,是企业的主营业务收入;选项B、C,是企业的其他业务收入;选项D,经济利益流入第三方不属于本企业的收入。

35. 【答案】 C
    【解析】 选项C,"材料采购"账户是企业采用计划成本法核算才会涉及的账户。

36. 【答案】 C
    【解析】 在这四种折旧方法中,只有双倍余额递减法第1年折旧不考虑净残值,其他三种都要考虑,双倍余额递减法只有在计算最后2年折旧额时才考虑净残值。

37. 【答案】 C
    【解析】 年末未分配利润=200+2 000-(2 000×10%+2 000×5%+160)=1 740(万元)。

38. 【答案】 D
    【解析】 长期借款计提利息时的会计分录为:
    借:财务费用(或在建工程、管理费用等)
    　　贷:应付利息(或长期借款——应计利息)

39. 【答案】 C
    【解析】 选项A、B,应计入营业外收入;选项D,为第三方代收的款项,不会导致经济利益的流入,不符合收入定义。

40. 【答案】 A
    【解析】 企业的短期借款利息如果分期(季、半年)支付或到期一次支付,且数额较大,可采用月末预提的方式进行核算。企业应当在资产负债表日按照计算确定的短期借款利息费用,借记"财务费用"科目,贷记"应付利息"科目。

41. 【答案】 C
    【解析】 季节性生产的企业,"制造费用"账户期末可能出现余额。

42. 【答案】 B
    【解析】 销售折让是指企业因售出产品质量不合格等原因而在售价上给予的减

让。对于企业在销售收入确认之后发生的销售折让应在实际发生时,冲减发生当期的收入。

二、多项选择题

1. 【答案】 ABCD

   【解析】 四个选项均正确。

2. 【答案】 CD

   【解析】 先进先出法是假定先收到的存货先发出(销售或耗用),以此计算发出存货成本和期末结存存货成本的方法。先进先出法可以随时结出存货发出成本和结存存货成本,而且期末存货成本接近于市场价值。但是,如果存货收发业务较多且存货单价不稳定时,计算工作量较大。另外,在物价持续上升时,采用先进先出法会使发出存货成本偏低,利润偏高。

3. 【答案】 BD

   【解析】 企业根据购货合同的规定向供应单位预付款项时,借记"预付账款"科目,贷记"银行存款"科目;当预付货款小于采购货物所需支付的款项时,应将不足部分补付,借记"预付账款"科目,贷记"银行存款"科目。

4. 【答案】 ABCD

   【解析】 四个选项均正确。

5. 【答案】 BCD

   【解析】 企业结转生产完工、验收入库产品的生产成本时,编制会计分录为:借记"生产成本"科目,贷记"制造费用"科目;同时,借记"库存商品"科目,贷记"生产成本"科目。

6. 【答案】 ACD

   【解析】 企业应设置"资本公积"账户,该账户属于所有者权益类账户,贷方登记资本公积的增加数额,借方登记资本公积的减少数额,期末余额在贷方,反映企业期末资本公积的实有数额。资本公积账户应当分设"资本溢价(或股本溢价)"和"其他资本公积"账户进行明细核算。

7. 【答案】 ABCD

   【解析】 四个选项均正确。

8. 【答案】 BCD

   【解析】 选项A,通过"主营业务收入"账户核算。

9. 【答案】 ABC

   【解析】 损益类账户期末无余额;"本年利润"属于所有者权益类账户,年末需要转入利润分配,年末无余额;"长期待摊费用"不是损益类账户,年末可以有余额。

10. 【答案】 ABC

    【解析】 运杂费、运输途中的合理损耗、入库前的挑选整理费用计入工业企业外购存货的成本。入库后的保管费应当计入当期的管理费用。

11. 【答案】 AB

    【解析】 "应付账款"账户的借方登记偿还的应付账款或已冲减的无法支付的应付账款。选项C,应贷记"应付账款"科目;选项D,和"应付账款"账户无关。

12. 【答案】 ABCD

    【解析】 存货是指企业在日常活动中持有以备出售的产成品或库存商品、处在生产过程中的在产品、在生产过程或提供服务过程中储备的材料或物料等,包括原材料、在产品、半成品、产成品或库存商品以及包装物、低值易耗品、委托代销商品等。

13. 【答案】 ACD

　　【解析】 材料入库时的超支差异,应记入"材料成本差异"账户的借方,节约差异应记入该账户的贷方。分配转出的材料成本差异,不管是超支差异还是节约差异,都应记入"材料成本差异"账户的贷方(超支差异用蓝字,节约差异用红字)。

14. 【答案】 AD

　　【解析】 资金筹集业务主要通过所有者投入、债权人投入。选项 A,反映所有者投入;选项 D,反映债权投入。

15. 【答案】 ABC

　　【解析】 在计划成本法核算的情况下,"材料采购"账户用于核算企业采用计划成本进行材料日常核算而购入材料的采购成本。"材料成本差异"账户用于核算企业采用计划成本进行日常核算的材料计划成本与实际成本的差异。"材料成本差异"账户的借方余额表示超支差异。

16. 【答案】 CD

　　【解析】 年数总和法和双倍余额递减法属于加速折旧的方法,其特点是使用前期多计提折旧,使用后期少计提折旧,能使企业以折旧的方式在较短的时间内收回大部分固定资产投资。

17. 【答案】 ABC

　　【解析】 选项 D,属于收入,其他几项均属于为第三方或客户代收的款项,不属于收入。

18. 【答案】 ABCD

　　【解析】 当固定资产转出时:

借:固定资产清理
　　累计折旧等
　　贷:固定资产

处置净收益,根据不同的情况,计入营业外收入或资产处置损益;处置净损失,根据不同的情况,计入营业外支出或资产处置损益,因此,四个选项均正确。

19. 【答案】 ABD

　　【解析】 年末应将"利润分配"账户下的其他明细账户的余额转入"未分配利润"明细账户,结转后无余额。因此,只有"未分配利润"明细账户可能出现借方余额,表示尚未弥补的亏损。

20. 【答案】 ABC

　　【解析】 选项 D,"应付账款"账户的贷方余额表示尚未偿还的款项。

21. 【答案】 BC

　　【解析】 "应付票据"账户核算的内容是商业汇票,包括银行承兑汇票和商业承兑汇票,银行汇票存款和银行本票存款属于货币资金核算的内容。

22. 【答案】 ABCD

【解析】 四个选项均正确。

23. 【答案】 AB

【解析】 在固定资产达到预定可使用状态之前的计入固定资产成本,在达到预定可以使用状态后的计入财务费用。

24. 【答案】 ABCD

【解析】 四个选项均正确。

25. 【答案】 BCD

【解析】 选项A,固定资产的出售净收益应计入资产处置损益。

26. 【答案】 BD

【解析】 固定资产报废净收益计入营业外收入,固定资产报废净损失计入营业外支出。

27. 【答案】 ABD

【解析】 选项A、B、D,是留存收益内部的增减变动,不会引起留存收益变动;选项C,会导致留存收益减少。

28. 【答案】 ABCD

【解析】 销售费用是指企业销售商品和材料、提供服务的过程中发生的各种费用,包括保险费、包装费、展览费和广告费、商品维修费、预计产品质量保证损失、运输费和装卸费等,为销售本企业商品而专设的销售机构(含销售网点、售后服务网点等)的职工薪酬、业务费、折旧费等经营费用,以及企业发生的与专设销售机构相关的固定资产修理费用等后续支出。

29. 【答案】 AB

【解析】 生产工人的工资计入产品成本,记入"生产成本"账户的借方;车间管理人员的工资,先记入"制造费用"账户,然后按一定的方法分配计入相关产品成本中(转入"生产成本"账户);行政管理部门人员的工资、在建工程人员的工资不计入产品成本,应分别记入"管理费用"和"在建工程"账户的借方。

30. 【答案】 ACD

【解析】 留存收益是所有者(股东)权益的重要组成部分,是指企业在历年生产经营活动中取得净利润的留存额。在我国,留存收益主要包括盈余公积和未分配利润两部分。盈余公积是指企业按规定从净利润中提取的积累资金。盈余公积根据其用途不同,分为两类:一是法定盈余公积;二是任意盈余公积。

31. 【答案】 ABCD

【解析】 所有者权益包括实收资本、资本公积和留存收益。留存收益包括盈余公积和未分配利润。

32. 【答案】 ABC

【解析】 租入(短期租赁和低价值资产租赁除外)的固定资产虽然承租方没有产权,但视同自有固定资产管理仍应由承租方计提折旧。

33. 【答案】 AB

【解析】 选项C,虽然不影响权益总额,但不增加实收资本;选项D,借记"盈余公积"科目,贷记"应付股利"科目,导致所有者权益的减少和负债的增加。

34. 【答案】 ABD

【解析】 如果月末某产品一部分完工,一部分未完工,那么归集在产品成本明细账中的费用总额要采取适当的分配方法在完工产品和在产品之间进行分配。

35.【答案】 ACD

【解析】 应收账款的入账价值包括销售商品等的价款、增值税销项税额,以及代购货方垫付的包装费、运杂费等。进项税额是购进商品等时产生的,不在应收账款中核算。

三、判断题

1.【答案】 ×

【解析】 银行承兑汇票,票据到期无力付款时,应当借记"应付票据"科目,贷记"短期借款"科目。

2.【答案】 ×

【解析】 销售折让是指企业因售出产品质量不合格等原因而在售价上给予的减让。对于企业在销售收入确认之后发生的销售折让应在实际发生时,冲减发生当期的收入。发生销售折让时,不需要冲减主营业务成本,因此,"主营业务成本"账户贷方登记的内容中不应该包括销售折让。

3.【答案】 √

4.【答案】 ×

【解析】 不是所有的工资都计入产品生产成本,如企业行政管理人员的工资计入管理费用,销售人员的工资计入销售费用。

5.【答案】 ×

【解析】 在计划成本法下通过"材料采购"账户核算,在实际成本法下通过"在途物资"账户核算。

6.【答案】 ×

【解析】 工业企业出售无形资产取得的收益计入资产处置损益,工业企业出租无形资产取得的租金收入,应计入其他业务收入。

7.【答案】 ×

【解析】 材料采用计划成本核算时,材料的收发及结存,无论总分类核算还是明细分类核算,均按照计划成本计价。使用的账户有"原材料""材料采购"和"材料成本差异"等。实际成本为了总括反映和监督材料的增减变动和结存情况,应设置"原材料"和"在途物资"等账户。

8.【答案】 ×

【解析】 企业收到投资者出资额超过其在注册资本中所占份额的部分,应当计入资本公积。

9.【答案】 ×

【解析】 处于更新改造过程停止使用的固定资产,应将其账面价值转入在建工程,不再计提折旧。更新改造项目达到预定可使用状态转为固定资产后,再按照重新确定的折旧方法和该项固定资产尚可使用寿命计提折旧。

10.【答案】 √

11.【答案】 √

【解析】 发生的固定资产后续支出如果符合资本化条件,则应该资本化,如果不符合资本化条件,则应该费用化。

12. 【答案】 ×

【解析】 在物价上涨时,采用先进先出法可能会使发出存货成本偏低,利润偏高。

13. 【答案】 ×

【解析】 收入的增加可以表现为资产的增加或负债的减少或两者兼而有之,一定会表现为所有者权益的增加。

14. 【答案】 ×

【解析】 商业折扣是指销货企业为了鼓励客户多购买商品而在商品标价上给予的扣除。现金折扣是指企业为了鼓励客户提前偿付货款而向客户提供的债务扣除。

15. 【答案】 ×

【解析】 公司制企业应该按照净利润(减弥补以前年度亏损)的10%提取法定盈余公积,计提的法定盈余公积累计金额已达到注册资本的50%时,可以不再提取;非公司制的企业可以按照超过10%的比例提取。

16. 【答案】 √

17. 【答案】 ×

【解析】 盈余公积是根据实现的净利润提取的,而资本公积是企业所有者投入资本的一部分,具有资本的属性,与企业的利润无关。

18. 【答案】 ×

【解析】 企业可以根据不同的存货性质来选择不同存货计价方法,也就是说,可以同时选择不同的计价方法。

19. 【答案】 ×

【解析】 现金折扣是指债权人为鼓励债务人在规定的期限内付款而向债务人提供的债务扣除。销售折让是指企业因售出产品质量不合格等原因而在售价上给予的减让。

20. 【答案】 √

21. 【答案】 √

【解析】 值得注意的是,如果"未分配利润"账户有上年贷方余额,不是计提法定盈余的依据。

22. 【答案】 ×

【解析】 发出存货的计价方法有先进先出法、移动平均法、加权平均法和个别计价法。计划成本属于材料成本核算。

23. 【答案】 √

四、计算分析题

1. 【答案解析】

(1) 借:生产成本　　　　　　　　　　　　　　　　　　　　　　600 000

　　　贷:原材料　　　　　　　　　　　　　　　　　　　　　　　　600 000

(2) 借:生产成本(4 000×20)　　　　　　　　　　　　　　　　 80 000

制造费用	16 000
贷：应付职工薪酬	96 000
(3) 借：制造费用	8 000
贷：累计折旧	8 000
(4) 借：生产成本	24 000
贷：制造费用(16 000＋8 000)	24 000
(5) 借：库存商品	704 000
贷：生产成本(600 000＋80 000＋24 000)	704 000

2.【答案解析】

(1) 借：银行存款	5 400 000
贷：长期借款	5 400 000
(2) 借：固定资产	4 000 000
应交税费——应交增值税(进项税额)	520 000
贷：银行存款	4 520 000

(3) 20×8年1~11月每月月末分别做如下会计分录。

借：财务费用	31 500
贷：应付利息(5 400 000×7％÷12)	31 500

20×8年12月31日归还长期借款的全年利息，做如下会计分录。

借：应付利息(31 500×11)	346 500
财务费用	31 500
贷：银行存款(346 500＋31 500)	378 000

(4) 当月增加的固定资产，当月不计提折旧，从下月起计提折旧；当月减少的固定资产，当月仍计提折旧，从下月起不再计提折旧。

20×8年2~12月每月月末分别做如下会计分录。

借：制造费用	32 500
贷：累计折旧[(4 000 000－100 000)÷10÷12]	32 500

(5) 20×8年12月31日固定资产账面价值＝4 000 000－32 500×11＝3 642 500(元)。

3.【答案解析】

(1) 借：材料采购	250 000
应交税费——应交增值税(进项税额)	32 500
贷：应付票据(250 000＋32 500)	282500
借：原材料	260 000
贷：材料采购	260 000
借：材料采购	10 000
贷：材料成本差异	10 000
(2) 借：材料采购	100 000
应交税费——应交增值税(进项税额)	13 000
贷：其他货币资金	113 000

(3) 借：原材料　　　　　　　　　　　　　　　　　　　　　　　　　　90 000
　　　贷：材料采购　　　　　　　　　　　　　　　　　　　　　　　　　90 000
　　借：材料成本差异　　　　　　　　　　　　　　　　　　　　　　　　10 000
　　　贷：材料采购　　　　　　　　　　　　　　　　　　　　　　　　　10 000
(4) 借：原材料　　　　　　　　　　　　　　　　　　　　　　　　　　300 000
　　　贷：应付账款——暂估应付账款　　　　　　　　　　　　　　　　300 000
(5) 借：应付账款——暂估应付账款　　　　　　　　　　　　　　　　300 000
　　　贷：原材料　　　　　　　　　　　　　　　　　　　　　　　　　300 000

4.【答案解析】
(1) 借：应付职工薪酬　　　　　　　　　　　　　　　　　　　　　　326 000
　　　贷：银行存款　　　　　　　　　　　　　　　　　　　　　　　326 000
(2) 借：应付职工薪酬　　　　　　　　　　　　　　　　　　　　　　 14 000
　　　贷：其他应收款　　　　　　　　　　　　　　　　　　　　　　　1 000
　　　　　其他应付款　　　　　　　　　　　　　　　　　　　　　　 13 000
(3) 借：生产成本　　　　　　　　　　　　　　　　　　　　　　　　285 000
　　　贷：应付职工薪酬　　　　　　　　　　　　　　　　　　　　　285 000
(4) 借：制造费用　　　　　　　　　　　　　　　　　　　　　　　　 25 000
　　　贷：应付职工薪酬　　　　　　　　　　　　　　　　　　　　　 25 000
(5) 借：管理费用　　　　　　　　　　　　　　　　　　　　　　　　 30 000
　　　贷：应付职工薪酬　　　　　　　　　　　　　　　　　　　　　 30 000

5.【答案解析】
(1) 借：原材料　　　　　　　　　　　　　　　　　　　　　　　　　 20 000
　　　应交税费——应交增值税(进项税额)　　　　　　　　　　　　　　2 600
　　　贷：应付账款　　　　　　　　　　　　　　　　　　　　　　　 22 600
(2) 借：银行存款(500×200)　　　　　　　　　　　　　　　　　　　100 000
　　　应交税费——应交增值税(销项税额)(500×200×13%)　　　　　 13 000
　　　贷：主营业务收入　　　　　　　　　　　　　　　　　　　　　113 000
　　借：主营业务成本(500×120)　　　　　　　　　　　　　　　　　 60 000
　　　贷：库存商品　　　　　　　　　　　　　　　　　　　　　　　 60 000
(3) 借：银行存款(226 000×60%)　　　　　　　　　　　　　　　　　135 600
　　　贷：合同负债　　　　　　　　　　　　　　　　　　　　　　　135 600
　　借：合同负债　　　　　　　　　　　　　　　　　　　　　　　　226 000
　　　贷：主营业务收入[226 000÷(1+13%)]　　　　　　　　　　　　200 000
　　　　　应交税费——应交增值税(销项税额)[226 000÷(1+13%)×13%]　26 000
(4) 借：银行存款　　　　　　　　　　　　　　　　　　　　　　　　 90 400
　　　贷：合同负债(226 000-135 600)　　　　　　　　　　　　　　 90 400
(5) 借：制造费用　　　　　　　　　　　　　　　　　　　　　　　　 50 000
　　　　管理费用　　　　　　　　　　　　　　　　　　　　　　　　 10 000

　　　　贷：银行存款　　　　　　　　　　　　　　　　　　　　　　　　　　　　60 000
6．【答案解析】
　（1）借：银行存款　　　　　　　　　　　　　　　　　　　　　　　　　　　　80 000
　　　　贷：应收账款　　　　　　　　　　　　　　　　　　　　　　　　　　　　80 000
　（2）借：短期借款　　　　　　　　　　　　　　　　　　　　　　　　　　　　60 000
　　　　贷：银行存款　　　　　　　　　　　　　　　　　　　　　　　　　　　　60 000
　（3）借：银行存款　　　　　　　　　　　　　　　　　　　　　　　　　　　　100 000
　　　　贷：实收资本　　　　　　　　　　　　　　　　　　　　　　　　　　　　100 000
　（4）借：原材料　　　　　　　　　　　　　　　　　　　　　　　　　　　　　80 000
　　　　　　应交税费——应交增值税（进项税额）　　　　　　　　　　　　　　　10 400
　　　　贷：应付账款（80 000＋10 400）　　　　　　　　　　　　　　　　　　　90400
7．【答案】（1）B　（2）C　（3）A
　　【解析】（1）甲企业本月营业利润＝营业收入－营业成本－税金及附加－销售费用－管理费用－研发费用－财务费用＋其他收益＋投资收益（－投资损失）＋净敞口套期收益（－净敞口套期损失）＋公允价值变动收益（－公允价值变动损失）－资产减值损失－信用减值损失＋资产处置收益（－资产处置损失）＝（750 000＋7 500）－（375 000＋5 000）－15 000－15 000－20 000－0－7 500＋0＋0＋0－0－30 000＋0＝290 000（元）。
　（2）甲企业本月利润总额＝营业利润＋营业外收入－营业外支出＝290 000＋50 000－40 000＝300 000（元）。
　（3）甲企业本月净利润＝利润总额－所得税费用＝30 000－75 000＝225 000（元）。
8．【答案解析】
　（1）借：原材料　　　　　　　　　　　　　　　　　　　　　　　　　　　　　800 000
　　　　　　应交税费——应交增值税（进项税额）　　　　　　　　　　　　　　　104 000
　　　　贷：应付账款（800 000＋104 000）　　　　　　　　　　　　　　　　　　904 000
　（2）借：应付账款　　　　　　　　　　　　　　　　　　　　　　　　　　　　904 000
　　　　贷：银行存款　　　　　　　　　　　　　　　　　　　　　　　　　　　　904 000
　（3）借：生产成本　　　　　　　　　　　　　　　　　　　　　　　　　　　　440 000
　　　　　　制造费用　　　　　　　　　　　　　　　　　　　　　　　　　　　　60 000
　　　　　　管理费用　　　　　　　　　　　　　　　　　　　　　　　　　　　　40 000
　　　　贷：原材料　　　　　　　　　　　　　　　　　　　　　　　　　　　　　540 000
　（4）借：银行存款（40 000＋5 200）　　　　　　　　　　　　　　　　　　　　45 200
　　　　贷：其他业务收入　　　　　　　　　　　　　　　　　　　　　　　　　　40 000
　　　　　　应交税费——应交增值税（销项税额）　　　　　　　　　　　　　　　5 200
　　　借：其他业务成本　　　　　　　　　　　　　　　　　　　　　　　　　　　34 000
　　　　贷：原材料　　　　　　　　　　　　　　　　　　　　　　　　　　　　　34 000
　（5）本年7月末结存甲材料实际成本＝200 000＋800 000－540 000－34 000＝426 000（元）。
9．【答案解析】
　（1）借：银行存款　　　　　　　　　　　　　　　　　　　　　　　　　　　　1 200 000

贷：短期借款	1 200 000

(2) 甲公司按月计提利息的金额＝1 200 000×5‰÷12＝5 000(元)

(3) 借：财务费用	5 000
贷：应付利息	5 000
(4) 借：应付利息(5 000＋5 000)	10 000
财务费用	5 000
贷：银行存款	15 000
(5) 借：短期借款	1 200 000
应付利息(5 000＋5 000)	10 000
财务费用	5 000
贷：银行存款(15 000＋10 000＋5 000)	1 215 000

10. 【答案】 (1) A；(2) B；(3) B

  【解析】 (1) 113 000＋226 000＝339 000(元)。

     (2) 400 000＋339 000－140 000＝599 000(元)。

     (3) 预付货款计入预付账款。

第六章 会 计 凭 证

【分节习题必会】答案及解析

第一节 会计凭证概述

一、单项选择题

1. 【答案】 D

  【解析】 选项D,是资产负债表的作用之一。

2. 【答案】 C

  【解析】 记账凭证是指会计人员根据审核无误的原始凭证,按照经济业务的内容加以归类,并据以确定会计分录后所填制的会计凭证,它是登记账簿的直接依据。

二、多项选择题

1. 【答案】 ABC

  【解析】 选项D,记账凭证是登记总分类账户和明细分类账户的依据,它能反映经济业务的发生或完成情况,监督企业经济活动,明确相关人员的责任。

2. 【答案】 ABCD

  【解析】 原始凭证必须能够表明经济业务已经发生或其完成情况,凡是不能证明经济业务发生或完成情况的各种单证,如购货申请单、买卖合同、计划、银行对账单、银行存款余额调节表、职工名册、固定资产卡片、试算平衡表等,均不能作为原始凭证。

三、判断题

1. 【答案】 √
2. 【答案】 √
3. 【答案】 ×

   【解析】 会计凭证按照填制的程序和用途不同,分为原始凭证和记账凭证。

第二节　原　始　凭　证

一、单项选择题

1. 【答案】 C

   【解析】 汇总凭证是指对一定时期内反映经济业务内容相同的若干张原始凭证,按照一定标准综合填制的原始凭证。汇总原始凭证将同类内容的经济业务汇总填制在一张汇总凭证中,简化了核算手续和记账的工作,如发料凭证汇总表、收料凭证汇总表、库存现金收入汇总表、工资结算汇总表、销售日报、差旅费报销单等。

2. 【答案】 C

   【解析】 限额领料单不仅起到事先控制领料的作用(实现成本控制),而且可以减少原始凭证的数量和简化填制凭证的手续。

3. 【答案】 D

   【解析】 选项D,会计科目使用是否正确是记账凭证审核的内容;选项A、B、C,表述正确。

4. 【答案】 A

   【解析】 购货取得的增值税专用发票是由销货方开出的,属于外来原始凭证。

5. 【答案】 C

   【解析】 应借应贷会计科目属于记账凭证的基本内容。

6. 【答案】 C

   【解析】 购货合同不是原始凭证。

7. 【答案】 D

   【解析】 原始凭证按照填制的手续和内容不同,可分为一次凭证、累计凭证和汇总凭证。

二、多项选择题

1. 【答案】 ABD

   【解析】 选项C,在原始凭证上盖章时具有法律效力的印鉴包括单位公章、财务专用章、发票专用章等。

2. 【答案】 AB

   【解析】 原始凭证按照格式的不同,可分为通用凭证和专用凭证。

3. 【答案】 BCD

   【解析】 选项A,通用凭证是按照格式的不同的。

4. 【答案】 ABCD

【解析】 原始凭证的格式和内容因经济业务和经营管理的不同而有所差异,但应当具备以下基本内容(也称原始凭证要素):凭证的名称,填制凭证的日期,填制凭证单位名称或者填制人姓名,经办人员的签名或者盖章,接受凭证单位名称,经济业务内容,数量、单价和金额。

5.【答案】 ABCD

【解析】 选项A,属于及时性审核;选项B,属于正确性审核;选项C,属于完整性审核;选项D,属于合理性审核。

6.【答案】 BC

【解析】 中文大写金额到"元"为止的,后面要写"整"或"正"字;以"角"为止的,可不写"整"或"正"字;有分的,不写"整"或"正"字,因此,选项A错误。

7.【答案】 AC

【解析】 原始凭证按取得的来源不同,可以分为自制原始凭证和外来原始凭证;按格式的不同,可以分为通用凭证和专用凭证两类。

8.【答案】 ABCD

【解析】 填制原始凭证的基本要求:记录要真实,内容要完整,手续要完备,书写要清楚、规范,编号要连续,不得涂改、刮擦、挖补,填制要及时等。

三、判断题

1.【答案】 ×

【解析】 取得的原始凭证大写金额与小写金额不一致时视同废票,不得作为记账的依据,应当由出具单位重新开具,审核无误后才能作为记账的依据。

2.【答案】 ×

【解析】 累计凭证是指在一定时期内多次记录发生的同类型经济业务且多次有效的原始凭证,如限额领料单。

3.【答案】 √

【解析】 原始凭证要连续编号或分类编号,以便查找。如果原始凭证已预先印定编号,如发票、收据、支票等重要凭证,在因错作废时应当加盖"作废"戳记,连同存根一起妥善保管,不得随意撕毁。

4.【答案】 √

5.【答案】 ×

【解析】 自制原始凭证是指由本单位有关部门和人员,在执行或完成某项经济业务时填制的,仅供本单位内部使用的原始凭证。

第三节 记 账 凭 证

一、单项选择题

1.【答案】 B

【解析】 库存现金收款凭证上的日期,填写的是填制本凭证的日期。

2.【答案】 C

【解析】 选项C,属于原始凭证合理性审核的内容。

3.【答案】 B

【解析】 记账凭证按照用途不同,可分为专用记账凭证和通用记账凭证;专用记账凭证按其反映的经济业务内容不同,可分为收款凭证、付款凭证和转账凭证。

4.【答案】 D

【解析】 对于错误的记账凭证,如果是在登记入账前发现错误,应重新填制正确的记账凭证。而在本题中,出纳张某在填制时,发现自己填制错误,表明尚未入账,因此只需将错误的凭证作废,重新填制一张正确的记账凭证。

5.【答案】 D

【解析】 如果一笔经济业务需要填制2张及2张以上的记账凭证时,记账凭证的编号可采用分数编号法。

二、多项选择题

1.【答案】 ACD

【解析】 记账凭证上应有填制凭证人员、稽核人员、记账人员、会计机构负责人、会计主管等有关人员的签章,收款和付款记账凭证还应有出纳人员签名或盖章。

2.【答案】 ABD

【解析】 记账凭证的日期一般为填制记账凭证当天,对于月末结转业务,记账凭证的日期则为当月最后一天的日期。因此,选项A中,库存现金收款凭证上的日期应当是填制收款凭证的日期。涉及库存现金和银行存款之间的相互划转业务,一般只填制付款凭证,这种方法不仅可以减少记账凭证的填制,而且可以避免重复记账,因此,选项B错误。出纳人员根据收款凭证或付款凭证付款后,为避免重收重付,应在凭证上加盖"收讫"或"付讫"戳记,因此,选项D错误。

3.【答案】 ABD

【解析】 只有借方科目是"银行存款"的业务,才填制银行存款收款凭证。选项A,借记"固定资产"科目,贷记"银行存款"科目;选项B,借记"固定资产"科目,贷记"实收资本"科目;选项C,借记"银行存款"科目,贷记"短期借款"或"长期借款"科目;选项D,借记"资本公积"科目,贷记"实收资本"科目。因此,应当选择选项A、B、D。

三、判断题

1.【答案】 ×

【解析】 发现以前年度记账凭证是错误的,应当用蓝字填制一张更正的记账凭证。

2.【答案】 ×

【解析】 结账和更正错账的记账凭证,可不附原始凭证,除此以外,其他记账凭证必须附原始凭证。

3.【答案】 ×

【解析】 收款凭证的左上角的会计科目为借方科目。

第四节 会计凭证的传递与保管

一、单项选择题

1.【答案】 B

【解析】 若从外单位取得的原始凭证遗失时,应取得原签发单位盖有公章的证明,并注明原始凭证的号码、金额、内容等,由本单位会计机构负责人(会计主管人员)和单位负责人批准后,才能代作原始凭证。所以选项B的处理正确。

2.【答案】 A

【解析】 当年形成的会计档案,在会计年度终了后,可由单位会计机构临时保管1年,期满后再移交本单位档案管理机构统一保管。

二、多项选择题

1.【答案】 ABC

【解析】 各单位应根据经济业务特点、内部机构设置、人员分工和管理要求,具体规定各种凭证的传递程序。

2.【答案】 ABC

【解析】 选项D,单位保存的会计档案一般不得对外借出,确因工作需要且根据国家有关规定必须借出的,应当严格按照规定办理相关手续;其他单位如有特殊原因,确实需要使用单位会计档案时,经本单位会计机构负责人、会计主管人员批准,可以复制。

三、判断题

1.【答案】 √

2.【答案】 √

【解析】 原始凭证较多时可以单独装订,但应在凭证封面注明所属记账凭证的日期、编号和种类,同时在所属的记账凭证上应注明"附件另订"及原始凭证的名称和编号,以便查阅。

【本章习题必练】答案及解析

一、单项选择题

1.【答案】 A

【解析】 借款单是一种自制的原始凭证。

2.【答案】 B

【解析】 对于涉及"库存现金"和"银行存款"之间的相互划转业务,为了避免重复记账,一般只填制付款凭证,不再填制收款凭证。

3.【答案】 B

【解析】 数量、单价属于原始凭证的基本内容。

4.【答案】 D

【解析】 凭证是否符合有关的计划和预算属于原始凭证审核的内容。

5.【答案】 A

【解析】 原始凭证按格式的不同,可分为通用凭证和专用凭证;按取得的来源不同,可分为自制原始凭证和外来原始凭证;按填制的手续和内容的不同,可分为一次凭证、累计凭证和汇总凭证。

6.【答案】 C

【解析】 记账凭证的填制依据为原始凭证,原始凭证包括外来原始凭证和自制原始凭证。外来原始凭证是指在经济业务发生或完成时,从其他单位或个人直接取得的原始凭证,如发票、银行收付款通知单等;自制原始凭证(简称自制凭证)是指由本单位内部经办业务的部门和人员,在执行或完成某项经济业务时填制的、仅供本单位内部使用的原始凭证,常见的自制原始凭证包括收料单、领料单、制造费用分配表、产品入库单、产品出库单和借款单等,而生产通知单不能作为原始凭证。因此,应当选择选项C。

7.【答案】 A

【解析】 对于不真实、不合法的原始凭证,单位会计机构和会计人员有权不予接受,并向本单位负责人报告;对于真实、合法、合理,但内容不够完整、填写有错误的原始凭证,应退回给相关经办人员,由经办人员负责将有关凭证补充完整、更正错误或者重新开具后,再办理正式的会计入账手续。

8.【答案】 B

【解析】 对于涉及库存现金和银行存款之间的经济业务,为避免重复记账,一般只填制付款凭证,不填制收款凭证。

9.【答案】 D

【解析】 原始凭证按照填制的手续和内容不同,可分为一次凭证、累计凭证和汇总凭证。

10.【答案】 D

【解析】 对于真实、合法、合理,但内容不够完整、填写有错误的原始凭证,应退回给相关经办人员,由经办人员负责将有关凭证补充完整、更正错误或者重新开具后,再办理正式的会计入账手续。

11.【答案】 A

【解析】 按照填制的程序和用途分类,可以将会计凭证分为原始凭证和记账凭证两类。

12.【答案】 B

【解析】 累计凭证是指在一定时期内多次记录发生同类型的经济业务且多次有效的原始凭证。

13.【答案】 B

【解析】 领料单属于一次凭证;限额领料单属于累计凭证;耗用材料汇总表和工资汇总表属于汇总凭证。

14.【答案】 A

【解析】 填制和审核会计凭证是会计核算的基本方法之一,也是会计核算工作的起点。

15.【答案】 D

【解析】 对于原始凭证而言,按照取得的来源不同,分为自制原始凭证和外来原始凭证;按格式的不同,分为通用凭证和专用凭证;按照填制的手续和内容不同,分为一次凭证、累计凭证和汇总凭证。

二、多项选择题

1. 【答案】 ACD
   【解析】 小写金额用阿拉伯数字逐个书写,不得写连笔字,因此选项B错误。

2. 【答案】 CD
   【解析】 记账凭证按照用途的不同,可分为专用记账凭证和通用记账凭证;按照填列方式的不同,可分为复式记账凭证和单式记账凭证。

3. 【答案】 ABD
   【解析】 选项C,各单位应根据具体情况确定每一种会计凭证的传递程序和方法。

4. 【答案】 BCD
   【解析】 从供货单位取得的增值税专用发票属于外来原始凭证,其他选项均属于自制原始凭证,因此,选项B、C、D正确。

5. 【答案】 ABCD
   【解析】 四个选项均正确。

6. 【答案】 ABCD
   【解析】 四个选项均正确。

7. 【答案】 CD
   【解析】 已经登记入账的记账凭证,在当年内发现填写错误时,可以用红字填制一张与原内容相同的记账凭证,在摘要栏注明"注销某月某日某号凭证"字样,同时再用蓝字重新填制一张正确的记账凭证,注明"订正某月某日某号凭证"字样。发现以前年度记账凭证有错误的,应当用蓝字填制一张更正的记账凭证。

8. 【答案】 ABCD
   【解析】 四个选项均正确。

9. 【答案】 AC
   【解析】 对自制原始凭证,必须有经办部门和经办人员的签名或者盖章。

三、判断题

1. 【答案】 ×
   【解析】 审核原始凭证的合理性,就是审核原始凭证所记录经济业务是否符合企业经济活动的需要,是否符合有关的计划和预算等。审核原始凭证的正确性,就是审核原始凭证记载的各项内容是否正确。

2. 【答案】 √
   【解析】 对于不真实、不合法的原始凭证,单位会计机构和会计人员有权不予接受,并向本单位负责人报告;对于真实、合法、合理,但内容不够完整、填写有错误的原始凭证,应退回给相关经办人员,由经办人员负责将有关凭证补充完整、更正错误或者重新开具后,再办理正式的会计入账手续。

3. 【答案】 ×
   【解析】 发票的各联次均属于原始凭证,并不属于收款凭证(收款凭证属于记账凭证)。

4. 【答案】 ×

【解析】 除了结账和更正错账可以不附原始凭证,其他记账凭证必须附原始凭证。

5. 【答案】 ×

【解析】 已入账的记账凭证不能销毁,而应该根据规定的错账更正方法进行更正。

6. 【答案】 ×

【解析】 外来原始凭证绝大多数是一次凭证,自制原始凭证绝大多数是一次凭证,也有累计凭证和汇总凭证。

7. 【答案】 ×

【解析】 原始凭证一般是在经济业务发生时直接取得或填制的,记载着大量的经济信息,又是证明经济业务发生的初始文件,具有较强的法律效力。

8. 【答案】 ×

【解析】 对于真实、合法、合理,但内容不够完整、填写有错误的原始凭证,应退给有关经办人员,由经办人员负责将有关凭证补充完整、更正错误或重新开具后,再办理正式的会计入账手续;对于不真实、不合法的原始凭证,单位会计机构和会计人员有权不予接受,并向本单位负责人报告。

9. 【答案】 √

10. 【答案】 ×

【解析】 填制记账凭证时若发生错误,应当重新填制。

11. 【答案】 ×

【解析】 审核无误的原始凭证是填制记账凭证的依据,记账凭证是登记账簿的直接依据。

12. 【答案】 ×

【解析】 从外单位取得的原始凭证遗失时,应取得原签发单位盖有公章的证明,并注明原始凭证的号码、金额、内容等,由经办单位会计机构负责人(会计主管人员)和单位负责人批准后,才能代作原始凭证。

四、计算分析题

1. 【答案】 (1) 40 000; (2) 5 200; (3) 45 200; (4) 24 000; (5) 3 120; (6) 27 120

【解析】 1月5日,销售货物:

借:银行存款(40 000+5 200) 45 200
　　贷:主营业务收入 40 000
　　　　应交税费——应交增值税(销项税额)(40 000×13%) 5 200

1月12日,购入材料:

借:原材料——C材料 24 000
　　应交税费——应交增值税(进项税额)(24 000×13%) 3 120
　　贷:银行存款(24 000+3 120) 27 120

2. (1)【答案】 B

【解析】 在进账单上收款人为青岛盛樽酒业有限公司,因此,该公司应该填制收款凭证。

(2)【答案】 A

【解析】 在收款凭证上借方科目应该为"银行存款"。

(3)【答案】 AD

【解析】 收款凭证的贷方科目应该是"主营业务收入"和"应交税费——应交增值税(销项税额)"。

(4)【答案】 BD

【解析】 原始凭证大多是由本单位或外单位的业务经办人员填制的。因此,应当选择选项 B、D。

第七章　会　计　账　簿

【分节习题必会】答案及解析

第一节　会计账簿概述

一、单项选择题

1.【答案】 C

【解析】 原材料、库存商品等存货类明细账一般均采用数量金额式账簿。

2.【答案】 B

【解析】 收入、成本、费用明细账一般均采用多栏式账簿。

3.【答案】 C

【解析】 备查账簿,如租入固定资产登记簿,委托(受托)加工材料登记簿,应收、应付票据登记簿以及代管(代销)商品物资登记簿等。

4.【答案】 D

【解析】 会计账簿按外形特征的不同,可分为订本式账簿、活页式账簿和卡片式账簿。会计账簿按照用途的不同,可分为序时账簿、分类账簿和备查账簿。

5.【答案】 C

【解析】 订本式账簿主要适用于总分类账、库存现金日记账和银行存款日记账。

6.【答案】 C

【解析】 设置和登记会计账簿,既是填制和审核会计凭证的延伸,也是编制财务报表的基础,是连接会计凭证和财务报表的中间环节。

二、多项选择题

1.【答案】 ABD

【解析】 总分类账簿简称总账,是根据总分类账户开设的,能够全面地反映企业经济活动的账簿。总账无法提供每一项交易的发生日期,因此选项 C 错误。

165

2.【答案】 ABD

【解析】 收入、成本、费用、利润和利润分配明细账一般均采用多栏式账簿。库存商品明细账户一般采用数量金额式账簿。

3.【答案】 ABCD

【解析】 会计账簿的作用主要有以下几个方面：记载和储存会计信息；分类和汇总会计信息；编报和输出会计信息；检查和校正会计信息。

4.【答案】 BC

【解析】 序时账簿可分为普通日记账和特种日记账，特种日记账分为库存现金日记账、银行存款日记账和转账日记账。在我国，大多数单位一般只设库存现金日记账和银行存款日记账，而不设置转账日记账，也不设置普通日记账。

三、判断题

1.【答案】 ×

【解析】 当账簿登记完毕之后，才将活页账账页予以装订，加具封面，并给各账页连续编号，也就是说，活页账最后也是要装订的。

2.【答案】 √

3.【答案】 √

4.【答案】 ×

【解析】 三栏式账簿是设有借方、贷方和余额三个金额栏目的账簿。

第二节 会计账簿的启用与登记要求

一、单项选择题

1.【答案】 A

【解析】 账簿中书写的文字和数字应紧靠底线书写，上面要留有适当的空格，不要写满格，一般应占格距的1/2，选项A表述不正确。其余三个选项表述正确。

2.【答案】 B

【解析】 会计账簿的基本内容包括封面、扉页和账页，因此选项A错误。使用活页式账簿，应当按账户顺序编号，并须定期装订成册，因此选项B正确。用订本式账簿应当从第一页到最后一页顺序编定页数，不得跳页、缺号，因此选项C错误。卡片式账簿可跨年度使用，因此选项D错误。

二、多项选择题

1.【答案】 ABD

【解析】 每一账页登记完毕时，应当结出本页发生额合计及余额，在该账页最末一行"摘要"栏注明"转次页"或"过次页"，并将这一金额记入下一页第一行有关金额栏内，在该行"摘要"栏注明"承前页"，以保持账簿记录的连续性，便于对账和结账。

2.【答案】 ABC

【解析】 记账时发生错误或者隔页、缺号、跳行的，应当在空页、空行处用红色墨水划对角线注销，或者注明"此页空白"或"此行空白"字样，并由记账人员和会计机构负责人

(会计主管人员)在更正处签章。

  3.【答案】 BC
  【解析】 选项A,适用多栏式账簿;选项D,适用数量金额式账簿。

三、判断题

  1.【答案】 ×
  【解析】 无余额的会计账户应在"借或贷"栏内写"平"字,并在余额栏"元"的位置下写"0"。
  2.【答案】 √

第三节　会计账簿的格式与登记方法

一、单项选择题

  1.【答案】 A
  【解析】 固定资产、债权、债务等明细分类账应逐日逐笔登记;原材料、库存商品收发明细分类账以及收入、费用明细分类账可以逐日逐笔登记,也可以定期汇总登记。
  2.【答案】 B
  【解析】 选项B,总分类账必须采用订本式账簿。其余三个选项表述正确。
  3.【答案】 D
  【解析】 平行登记是指对所发生的每项交易或事项都要以会计凭证为依据,一方面记入有关总分类账户;另一方面记入其所属的明细分类账户。
  4.【答案】 A
  【解析】 可以作为银行存款日记账逐笔登记的记账凭证是银行存款收、付款凭证及有关的库存现金付款凭证。

二、多项选择题

  1.【答案】 ACD
  【解析】 明细分类账一般采用活页式账簿,故选项B错误,其余三个选项表述正确。
  2.【答案】 BCD
  【解析】 总分类账户与明细分类账户的平行登记要做到以下几点:①期间一致;②方向相同;③金额相等。
  3.【答案】 ACD
  【解析】 总分类账的登记依据有三个:①根据记账凭证逐笔登记;②根据科目汇总表(又称记账凭证汇总表)定期登记;③根据汇总记账凭证定期登记。

三、判断题

  1.【答案】 ×
  【解析】 所谓平行登记,是指对所发生的每项经济业务都要以会计凭证为依据,一方面登记有关总分类账户,另一方面又要登记该总分类账户所属的明细分类账户的方法。
  2.【答案】 ×

【解析】 总分类账最常用的格式为三栏式,设置借方、贷方和余额三个金额栏目。

第四节 对账与结账

一、单项选择题

1.【答案】 C

【解析】 12月月末的"本年累计"就是全年累计发生额,全年累计发生额下通栏划双红线,表示年度结账。

2.【答案】 B

【解析】 选项B,不可以提前结账。其余三个选项表述正确。

3.【答案】 B

【解析】 对账一般可以分为账证核对、账账核对和账实核对。

二、多项选择题

1.【答案】 ABCD

【解析】 四个选项均正确。

2.【答案】 ABD

【解析】 选项C,属于账实核对。

三、判断题

1.【答案】 ×

【解析】 对账应当做到账证相符、账实相符、账账相符。其中,账账相符包括总账与日记账的核对、总账与所属明细账的核对、明细账之间的核对,还包括总分类账簿中有关余额的核对。

2.【答案】 ×

【解析】 结账不仅仅是在年度终了时,在月末、季末为了编制财务报表,也要进行结账工作。

第五节 错账查找与更正的方法

一、单项选择题

1.【答案】 C

【解析】 记账后在当年内发现记账凭证和账簿所记的会计科目无误,只是所记金额小于应记金额时,采用补充登记法。

2.【答案】 B

【解析】 记账后在当年内发现记账凭证和账簿所记的会计科目无误而所记金额大于应记金额,从而引起记账错误,可以采用红字更正法。

3.【答案】 A

【解析】 选项A,记账后在当年内发现记账凭证和账簿应记会计科目无误,但金额少计22 500元(25 000－2500),应采用补充登记法更正。

4.【答案】 A

【解析】 将应记入"原材料——A材料"账户借方金额错记入贷方时,出现错账的差数表现为错误的2倍,因此,应采用除2法。

二、多项选择题

1. 【答案】 ABC
   【解析】 选项D,对错误的数字,应对整组数字注销,不能只划去错误的数字。
2. 【答案】 ACD
   【解析】 错账更正的方法主要有划线更正法、红字更正法和补充登记法。

三、判断题

1. 【答案】 ×
   【解析】 记账后在当年内发现记账凭证和账簿所记的会计科目或记账方向有错误,从而引起记账错误,可以采用红字更正法。
2. 【答案】 √

第六节 会计账簿的更换与保管

一、单项选择题

1. 【答案】 B
   【解析】 总账、日记账和多数明细账应每年更换一次,备查账簿可以连续使用。
2. 【答案】 A
   【解析】 变动较小的明细账可以连续使用,不必每年更换,如固定资产明细账等。

二、多项选择题

1. 【答案】 ABCD
   【解析】 四个选项均正确。
2. 【答案】 AB
   【解析】 选项C的说法错误,正确的说法是选项A。选项D的说法错误,正确的说法是选项B。

三、判断题

1. 【答案】 √
2. 【答案】 ×
   【解析】 会计账簿的更换通常在新会计年度建账时进行。

【本章习题必练】答案及解析

一、单项选择题

1. 【答案】 A

【解析】 序时账簿又称日记账,是指按照经济业务发生时间的先后顺序逐日、逐笔进行登记的账簿;总分类账能够全面地反映企业经济活动的账簿;备查账簿又称辅助登记簿或补充登记簿,是指对某些在序时账簿和分类账簿中未能记载或记载不全的经济业务进行补充登记的账簿。因此,选项A正确。

2.【答案】 B

【解析】 在我国,企业一般只对固定资产的核算采用卡片账形式,也有少数企业在材料核算中使用材料卡片。

3.【答案】 C

【解析】 三栏式库存现金日记账在"摘要"栏前设"对方科目"栏。

4.【答案】 D

【解析】 管理费用适用于多栏式明细账。

5.【答案】 C

【解析】 选项C,属于账证核对的内容。

6.【答案】 C

【解析】 各种日记账,总账,只进行金额核算的资本、债权、债务明细账都可以采用三栏式账簿。

7.【答案】 B

【解析】 划线更正法适用于结账之前,发现账簿记录中的文字或数字有误,但记账凭证正确。

8.【答案】 C

【解析】 下列情况下,可以用红色墨水记账:①按照红字冲账的记账凭证,冲销(冲减)错误记录;②在不设借贷等栏的多栏式账页中,登记减少数;③在三栏式账户的"余额"栏前,如未印明余额方向的,在"余额"栏内登记负数余额;④根据国家统一会计制度的规定,可以用红字登记的其他会计记录。因此,选项A、B、D表述正确,不当选。

9.【答案】 D

【解析】 年终结账时,为了总括地反映全年各项资金运动情况的全貌,核对账目,要将所有总账账户结出全年发生额和年末余额,在摘要栏内注明"本年合计"字样,并在合计数下通栏划双红线。

10.【答案】 B

【解析】 订本账一般适用于总分类账、库存现金日记账和银行存款日记账。

11.【答案】 A

【解析】 库存现金日记账、银行存款日记账结账时,要结出本月发生额和余额,在摘要栏内注明"本月合计"字样,并在下面划通栏单红线。

12.【答案】 D

【解析】 明细分类账的格式主要有三栏式、多栏式、数量金额式和横线登记式(或称平行式)四种。

13.【答案】 D

【解析】 从银行提取库存现金应该填制银行存款付款凭证,所以,登记库存现金日记账的依据是银行存款付款凭证。

14.【答案】 D

【解析】 备查账簿又称辅助登记簿或补充登记簿,是指对某些在序时账簿和分类账簿中未能记载或记载不全的经济业务进行补充登记的账簿。备查账簿,如租入固定资产登记簿,委托(受托)加工材料登记簿,应收、应付票据登记簿,代管(代销)商品物资登记簿等。

15.【答案】 C

【解析】 各种明细分类账一般采用活页账形式。银行存款日记账、库存现金日记账、总分类账一般采用订本账。

16.【答案】 C

【解析】 设置和登记会计账簿,既是填制和审核会计凭证的延伸,也是编制财务报表的基础,是连接会计凭证和财务报表的中间环节。

二、多项选择题

1.【答案】 ABC

【解析】 下列情况下,可以用红色墨水记账:①按照红字冲账的记账凭证,冲销(冲减)错误记录;②在不设借贷等栏的多栏式账页中,登记减少数;③在三栏式账户的"余额"栏前,如未印明余额方向的,在"余额"栏内登记负数余额;④根据国家统一会计制度的规定可以用红字登记的其他会计记录。选项D,不属于上述情况。

2.【答案】 ABD

【解析】 选项C,属于活页式账簿的特点。

3.【答案】 ABCD

【解析】 四个选项均正确。

4.【答案】 BC

【解析】 多栏式明细账一般适用于收入、费用、成本、利润和利润分配明细类账户;因记账凭证错误,而造成账簿记录错误,可以采用红字更正法或补充登记法。

5.【答案】 CD

【解析】 选项A,库存现金日记账、银行存款日记账和需要按月结计发生额的收入、费用等明细账,每月月末结账时,要在最后一笔经济业务记录下面通栏划单红线,结出本月发生额和余额,在摘要栏内注明"本月合计"字样,并在下面通栏划单红线。选项B,对于需要结计本年累计发生额的明细账户,每月月末结账时,应在"本月合计"行下结出自年初起至本月末止的累计发生额,登记在月份发生额下面,在摘要栏内注明"本年累计"字样,并在下面通栏划单红线。12月月末的"本年累计"就是全年累计发生额,全年累计发生额下通栏划双红线。

6.【答案】 ABD

【解析】 选项C,12月月末的"本年累计"就是全年累计发生额,全年累计发生额下通栏划双红线。

7.【答案】 ABCD

【解析】 结账程序包括:①结账前,将本期发生的经济业务事项全部登记入账,并保证其正确性;②在本期经济业务全面入账的基础上,根据权责发生制的要求,调整有关账项,合理确定应计入本期的收入和费用;③将各损益类账户余额全部转入"本年利润"账户,结平所有损益类账户;④结出资产、负债和所有者权益账户的本期发生额和余额,并结转下期。

8. 【答案】 ABCD

【解析】 账页的内容包括账户的名称以及科目、二级或明细科目、日期栏、凭证的种类和编号栏、摘要栏、金额栏、总页次和分户页次。

9. 【答案】 ACD

【解析】 选项B,在结账前发现账簿记录有文字或数字错误,而记账凭证没有错误,可以采用划线更正法。

10. 【答案】 BC

【解析】 为了保证账簿记录的正确性,必须根据审核无误的会计凭证登记会计账簿,并符合有关法律、行政法规和国家统一的会计准则制度的规定,主要包括:①准确完整;②注明记账符号;③书写留空;④正常记账使用蓝黑墨水;⑤特殊记账使用红墨水;⑥顺序连续登记;⑦结出余额;⑧过次承前;⑨不得涂改、刮擦、挖补。选项AD不符合上述要求。

11. 【答案】 BC

【解析】 备查账簿,如租入固定资产登记簿,委托(受托)加工材料登记簿,应收、应付票据登记簿,代管(代销)商品物资登记簿等。选项A,属于分类账簿;选项D,不属于会计账簿。

12. 【答案】 ACD

【解析】 不同类型经济业务的明细分类账可根据管理需要,依据记账凭证和相应的原始凭证或汇总原始凭证逐日逐笔登记或定期汇总登记。选项B,属于总分类账的登记依据。

13. 【答案】 ACD

【解析】 账簿按外形特征的不同,可分为订本式账簿、活页式账簿和卡片式账簿。

14. 【答案】 BD

【解析】 选项A、C,"原材料"和"库存商品"账户既要进行数量核算又要进行金额核算。

15. 【答案】 CD

【解析】 应收账款明细账一般采用三栏式明细分类账,库存商品明细账一般采用数量金额式明细分类账。

16. 【答案】 ABCD

【解析】 四个选项均正确。

三、判断题

1. 【答案】 √

2. 【答案】 ×

【解析】 记账时发生错误或者隔页、缺号、跳行的,应当在空页、空行处用红色墨水划对角线注销,或者注明"此页空白"或"此行空白"字样,并由记账人员和会计机构负责人(会计主管人员)在更正处签章。

3. 【答案】 √
4. 【答案】 √
5. 【答案】 ×

　　【解析】 会计部门的财产物资明细账期末余额与财产物资使用部门的财产物资明细账期末余额相核对,属于账账核对。

6. 【答案】 ×

　　【解析】 登记账簿要用蓝黑墨水或者碳素墨水书写,不得使用圆珠笔(银行的复写账簿除外)或者铅笔书写。

7. 【答案】 √

　　【解析】 订本式账簿在启用之前就已将账页装订在一起了,需要为每一账户预留若干空白账页。

8. 【答案】 √
9. 【答案】 ×

　　【解析】 银行存款日记账账面余额与银行对账单的余额定期核对,属于账实核对。

10. 【答案】 √
11. 【答案】 ×

　　【解析】 费用明细账一般采用多栏式明细账。

12. 【答案】 ×

　　【解析】 补充登记法一般适用于记账后在当年内发现记账凭证和账簿所记会计科目无误,只是所记金额小于应记金额,从而引起的记账错误。

13. 【答案】 ×

　　【解析】 错账查找的方法有很多,一般分为全面检查和局部抽查两种。其中,局部抽查包括差数法、尾数法、除2法、除9法等具体方法。

四、计算分析题

1. 【答案】

(1) 红字更正法。

(2) 借:销售费用　　　　　　　　　　　　　　　　　3 900
　　　贷:银行存款　　　　　　　　　　　　　　　　　　3 900
　　借:管理费用　　　　　　　　　　　　　　　　　　4 350
　　　贷:银行存款　　　　　　　　　　　　　　　　　　4 350

2. 【答案】

(1) 40 000　(2) 80 000　(3) 89 600　(4) 52 000　(5) 57 600

　　【解析】 (1) 1 000×40=40 000(元)。

(2) 60 000+20 000=80 000(元)。

(3) 169 600−80 000=89 600(元)。

先填(5)=35 200+22 400=57 600(元),再倒推填(4)=109 600−57 600=52 000(元)。

第八章 账务处理程序

【分节习题必会】答案及解析

第一节 账务处理程序概述

一、单项选择题

1.【答案】 B

【解析】 记账程序是指由填制、审核原始凭证到填制、审核记账凭证,登记日记账、明细分类账和总分类账,编制财务报表的工作程序和方法等。

2.【答案】 D

【解析】 记账凭证账务处理程序、汇总记账凭证账务处理程序和科目汇总表账务处理程序的主要区别为登记总分类账的依据和方法不同。

二、多项选择题

1.【答案】 AB

【解析】 登记总分类账的依据有记账凭证、汇总记账凭证和科目汇总表三种。

2.【答案】 ABC

【解析】 账务处理程序是指会计凭证、会计账簿、财务报表相结合的方式。

三、判断题

1.【答案】 √

2.【答案】 √

第二节 记账凭证账务处理程序

一、单项选择题

1.【答案】 A

【解析】 通过题干可以看出,甲公司通过记账凭证登记总账,因此,可以推断出甲公司采用的是记账凭证账务处理程序。

2.【答案】 D

【解析】 记账凭证账务处理程序适用于规模较小、经济业务量较小的单位。因此,选项D错误,其余三个选项表述正确。

二、多项选择题

1.【答案】 CD

【解析】 记账凭证账务处理程序的优点是:简单明了,易于理解,总分类账可以较详细地反映经济业务的发生情况。

2.【答案】 ACD

【解析】 选项B,在科目汇总表账务处理程序下应设置科目汇总表,在汇总记账凭证账务处理程序下应设置汇总记账凭证。

四、判断题

1.【答案】 ×

【解析】 记账凭证账务处理程序适用于规模较小、经济业务量较少的单位。

2.【答案】 √

第三节 汇总记账凭证账务处理程序

一、单项选择题

1.【答案】 B

【解析】 选项B,属于科目汇总表账务程序的步骤。

2.【答案】 C

【解析】 规模较大、经济业务较多的单位适用汇总记账凭证账务处理程序。

三、多项选择题

1.【答案】 ABCD

【解析】 四个选项均正确。

2.【答案】 ABD

【解析】 汇总记账凭证可以分为汇总收款凭证、付款凭证和汇总转账凭证,三种凭证有不同的编制方法。

3.【答案】 AB

【解析】 汇总收款凭证应分别按照"库存现金""银行存款"账户的借方编制(或设置),并按其对应的贷方账户归类、汇总;汇总付款凭证,应分别按照"库存现金""银行存款"账户的贷方编制(或设置),并按其对应的借方账户归类、汇总。

三、判断题

1.【答案】 ×

【解析】 采用汇总记账凭证账务处理程序,增加了填制汇总记账凭证的工作程序,但是减轻了登记总账的工作量。

2.【答案】 √

第四节 科目汇总表账务处理程序

一、单项选择题

1.【答案】 A

【解析】 科目汇总表账务处理程序的优点是减轻了登记总分类账的工作量,易于理解,方便学习,并可做到试算平衡;缺点是科目汇总表不能反映各个账户之间的对应关系,不利于对账目进行检查。该账务处理程序适用于经济业务较多的单位。

2. 【答案】 D

【解析】 选项D,属于汇总记账凭证账务处理程序的步骤。

3. 【答案】 C

【解析】 科目汇总表汇总全部账户的借方本期发生额和贷方本期发生额。

4. 【答案】 D

【解析】 科目汇总表账务处理程序的特点是先将所有记账凭证汇总编制成科目汇总表,然后以科目汇总表为依据登记总分类账。

二、多项选择题

1. 【答案】 ABCD

【解析】 四个选项均正确。

2. 【答案】 BC

【解析】 选项B,记账凭证账务处理程序登记总分类账簿的依据是记账凭证,根据记账凭证登记总账的次数为3次;选项C,科目汇总表账务处理程序登记总分账簿的依据是科目汇总表,根据科目汇总表登记总账,登记的次数为1次。

3. 【答案】 ABC

【解析】 选项D,汇总记账凭证用于登记总分类账。各种账务处理程序下,登记总分类账的依据不同,但登记明细账的依据是相同的(都可能是原始凭证、汇总原始凭证和记账凭证)。

三、判断题

1. 【答案】 √
2. 【答案】 √

【本章习题必练】答案及解析

一、单项选择题

1. 【答案】 D

【解析】 选项D,科目汇总表账务处理程序适用于经济业务较多的单位。

2. 【答案】 C

【解析】 选项C,属于记账凭证账务处理程序的步骤。

3. 【答案】 B

【解析】 汇总记账凭证账务处理程序的优点是减轻了登记总分类账的工作量,同时,由于按照账户对应关系编制汇总记账凭证,便于了解账户之间的对应关系。

4. 【答案】 B

【解析】 记账凭证账务处理程序、汇总记账凭证账务处理程序和科目汇总表账务处理程序之间的主要区别为登记总分类账的依据和方法不同。

5. 【答案】 D

6.【答案】 A

【解析】 汇总记账凭证账务处理程序是指先根据原始凭证或汇总原始凭证填制记账凭证,定期根据记账凭证分类编制汇总收款凭证、汇总付款凭证和汇总转账凭证,再根据汇总记账凭证登记总分类账的一种账务处理程序。

7.【答案】 B

【解析】 科目汇总表账务处理程序与汇总记账凭证账务处理程序的优点均包括减轻了登记总分类账的工作量。

8.【答案】 D

【解析】 科目汇总表账务处理程序的优点是减轻了登记总分类账的工作量,易于理解,方便学习,并可做到试算平衡(特指发生额试算平衡)。

二、多项选择题

1.【答案】 BCD

【解析】 记账凭证账务处理程序的特点是直接根据记账凭证对总分类账进行逐笔登记。汇总记账凭证账务处理程序的特点是先根据记账凭证编制汇总记账凭证,再根据汇总记账凭证登记总分类账。科目汇总表账务处理程序的特点是先将所有记账凭证汇总编制成科目汇总表,然后以科目汇总表为依据登记总分类账。

2.【答案】 BC

【解析】 选项B、C,是在汇总记账凭证账务处理程序下编制的。

3.【答案】 ABC

【解析】 汇总记账凭证账务处理程序的优点是:减轻了登记总分类账的工作量,同时,由于按照账户对应关系编制汇总记账凭证,便于了解账户之间的对应关系。其缺点是:当转账凭证较多时,编制汇总转账凭证的工作量较大,并且按每一贷方科目编制汇总转账凭证,不利于会计核算的日常分工。

4.【答案】 ABD

【解析】 汇总记账凭证账务处理程序应当编制汇总记账凭证,其他两种账务处理程序不需要编制汇总记账凭证。

5.【答案】 ABCD

【解析】 汇总记账凭证账务处理程序的一般步骤是:①根据原始凭证编制原始凭证汇总表;②根据原始凭证或汇总原始凭证,填制记账凭证;③根据收、付款凭证逐笔登记库存现金日记账和银行存款日记账;④根据原始凭证、汇总原始凭证和记账凭证,登记各种明细分类账;⑤根据各种记账凭证分别编制汇总收款凭证和汇总转账凭证;⑥根据各种汇总记账凭证登记总分类账;⑦期末,库存现金日记账、银行存款日记账和明细分类账的余额同有关总分类账的余额核对相符;⑧期末,根据总分类账和明细分类账的记录,编制财务报表。

6.【答案】 ABC

【解析】 在科目汇总表账务处理程序下,记账凭证是登记库存现金日记账、银行存款日记账、科目汇总表、明细分类账的依据。科目汇总表是登记总分类账的依据。

7.【答案】 ABCD

【解析】 四个选项均正确。

三、判断题

1. 【答案】 ×

   【解析】 科目汇总表账务处理程序通常适用于经济业务较多的单位。

2. 【答案】 ×

   【解析】 记账凭证账务处理程序适用于规模较小、经济业务量较少的单位。而汇总记账凭证账务处理程序适用于规模较大、经济业务较多的单位。题干说法错误。

3. 【答案】 ×

   【解析】 在不同的账务处理程序下,登记总账的依据和方法不同。

4. 【答案】 √

5. 【答案】 ×

   【解析】 记账凭证账务处理程序是会计核算中最基本的会计账务处理程序。

6. 【答案】 ×

   【解析】 编制汇总原始凭证应根据实际需要确定,并不是必须将所有的原始凭证都汇总编制为汇总原始凭证。

7. 【答案】 √

8. 【答案】 √

9. 【答案】 ×

   【解析】 为了便于编制汇总转账凭证,要求所有的转账凭证也应按一个贷方科目与一个或几个借方科目的对应关系来填制,不应填制一个借方科目与几个贷方科目相对应的转账凭证。

10. 【答案】 √

11. 【答案】 √

四、计算分析题

【答案】

本题各业务会计分录如下:

① 借:库存现金　　　　　　　　　　　　　　　　　　　　　　2 000
　　贷:银行存款　　　　　　　　　　　　　　　　　　　　　　2 000

② 借:原材料——甲材料　　　　　　　　　　　　　　　　　　10 000
　　　应交税费——应交增值税(进项税额)　　　　　　　　　　 1 300
　　贷:应付账款——光明工厂　　　　　　　　　　　　　　　　11 300

③ 借:应收账款——海丰工厂　　　　　　　　　　　　　　　　226 000
　　贷:主营业务收入——A产品　　　　　　　　　　　　　　　200 000
　　　应交税费——应交增值税(销项税额)　　　　　　　　　　26 000

④ 借:其他应收款——小胡　　　　　　　　　　　　　　　　　1 000
　　贷:库存现金　　　　　　　　　　　　　　　　　　　　　　1 000

⑤ 借:生产成本——B产品　　　　　　　　　　　　　　　　　6 000
　　　制造费用　　　　　　　　　　　　　　　　　　　　　　 1 000
　　贷:原材料——甲材料　　　　　　　　　　　　　　　　　　7 000

⑥ 借：应收账款——润泽公司	45 200	
贷：主营业务收入——C产品		40 000
应交税费——应交增值税(销项税额)		5 200
⑦ 借：在途物资——乙材料	16 000	
应交税费——应交增值税(进项税额)	2 080	
贷：应付账款——吉祥公司		18 080
⑧ 借：银行存款	226 000	
贷：应收账款——海丰工厂		226 000
⑨ 借：应付账款——吉祥公司	18 080	
贷：银行存款		18 080
⑩ 借：固定资产——电脑	16 000	
应交税费——应交增值税(进项税额)	2 080	
贷：银行存款		18 080

(1) 银行存款的贷方发生额＝2 000(业务①)＋18 080(业务⑨)＋18 080(业务⑩)＝38 160(元)

(2) 应收账款的借方发生额＝226 000(业务③)＋45 200(业务⑥)＝271 200(元)

(3) 主营业务收入的贷方发生额＝200 000(业务③)＋40 000(业务⑥)＝240 000(元)

(4) 应交税费的借方发生额＝1 300(业务②)＋2 080(业务⑦)＋2 080(业务⑩)＝5 460(元)

(5) 应付账款的贷方发生额＝11 300(业务②)＋18 080(业务⑦)＝29 380(元)

因此表8-1中,(1) 38 160;(2) 271 200;(3) 240 000;(4) 5 460;(5) 29 380。

第九章 财 产 清 查

【分节习题必会】答案及解析

第一节 财产清查概述

一、单项选择题

1.【答案】 A

  【解析】 定期清查是指按照预先计划安排的时间对财产进行的盘点和核对。

2.【答案】 A

  【解析】 选项B,对于银行存款,企业应至少每月同银行核对一次;选项C,对于贵重财产物资,每月都要查盘点一次;选项D,对于债权、债务类财产物资,企业应每年至少同债权、债务人核对一至两次。

二、多项选择题

1.【答案】 ABCD

【解析】 四个选项均正确。

2. 【答案】 BD

【解析】 外部清查是指由上级主管部门、审计机关、司法部门、注册会计师等外部的有关部门或人员根据国家有关规定或情况需要对本单位所进行的财产清查。选项B、D,属于外部清查。内部清查是指由本单位内部自行组织清查工作小组所进行的财产清查。选项A、C,属于内部清查。

3. 【答案】 ABCD

【解析】 永续盘存制下本月领用A材料的成本＝300×160＝48 000(元)

永续盘存制下A材料的账面余额＝(100＋700－300)×160＝80 000(元)

实地盘存制下本月领用A材料的成本＝(100＋700－450)×160＝56 000(元)

永续盘存制下A材料盘亏＝[(100＋700－300)－450]×160＝8 000(元)

若系收发计量错误(属于一般经营损失),应计入管理费用。

4. 【答案】 ABC

【解析】 财产清查是指通过对货币资金、实物资产和往来款项的盘点或核对等,确定其实存数,查明账存数与实存数是否相符的一种专门方法。

三、判断题

1. 【答案】 ×

【解析】 财产清查时本着先清查数量、核对有关账簿记录等,后认定质量的原则进行。

2. 【答案】 ×

【解析】 定期清查一般在年末、季末、月末进行。

3. 【答案】 ×

【解析】 一般来讲,进行外部清查时应有本单位相关人员参加。

4. 【答案】 ×

【解析】 注册会计师对企业审计时清点部分存货属于外部清查。

5. 【答案】 ×

【解析】 单位主要领导调离工作前需要进行全面的财产清查。

6. 【答案】 √

第二节　财产清查的方法

一、单项选择题

1. 【答案】 B

【解析】 对库存现金进行盘点时,出纳人员必须在场,并且相关业务必须已在库存现金日记账中全部登记完毕。

2. 【答案】 D

【解析】 未达账项调节后,如银行或企业存在账目错误,则企业银行存款日记账余额与银行对账单余额就不一定会相等。

3. 【答案】 C

【解析】 实存账存对比表是用以调整账簿记录的重要原始凭证。

4.【答案】 D

【解析】 往来款项的清查一般采用向对方单位发函询证的方法(简称"发函询证法")进行核对。

5.【答案】 C

【解析】 实际工作中,库存现金的清查主要有以下两种方式,其中库存现金的清查主要指的是第②种方式:①由出纳人员对库存现金进行经常性清查,即由出纳人员每日清点库存现金的实有数,并与库存现金日记账的余额进行核对。②由清查小组对库存现金进行定期或不定期的清查。

二、多项选择题

1.【答案】 AC

【解析】 盘存单是原始凭证,但它不是调整账簿记录的直接依据,将盘存单的实存数与账存数核对后编制的实存账存对比表才是调整账簿记录的直接依据(原始凭证);银行存款余额调节表也不是调整账簿记录的依据。库存现金盘点报告表(具有实存账存对比表的作用)和实存账存对比表才是用以调整账簿记录的重要原始凭证。

2.【答案】 BC

【解析】 实物资产比较常用的清查方法有实地盘点法和技术推算法。

3.【答案】 ABC

【解析】 不能在收到对方往来单位回单后,据此编制调整有关往来款项账户记录,而应据此编制往来款项清查报告单,填列各项债权、债务的余额,注明核对相符或不符的款项。

4.【答案】 AC

【解析】 选项B、D,会使本企业银行存款日记账余额小于银行对账单余额。

三、判断题

1.【答案】 ×

【解析】 未达账项还应包括企业已经入账,而银行因未接到有关凭证而尚未入账的账项。

2.【答案】 √

3.【答案】 ×

【解析】 往来款项清查报告单不能据以调整账簿记录。

4.【答案】 √

第三节 财产清查结果的处理

一、单项选择题

1.【答案】 B

【解析】 固定资产盘盈是在增加时没有登记入账,无法确定其购入时的历史成本,通常以重置成本入账。

2.【答案】 A

【解析】 对于盘盈的库存现金,按盘盈的金额,借记"待处理财产损溢——待处理流动资产损溢"科目,按无法查明原因的金额,贷记"营业外收入"科目。

二、多项选择题

1. 【答案】 AC
   【解析】 库存现金短款在审批前,应借记"待处理财产损溢"科目,贷记"库存现金"科目。
2. 【答案】 ABD
   【解析】 "待处理财产损溢"账户查明原因后按情况可记入"管理费用""营业外支出"或"其他应收款"账户。

三、判断题

1. 【答案】 ×
   【解析】 盘盈的固定资产,应通过"以前年度损益调整"账户核算。
2. 【答案】 ×
   【解析】 "待处理财产损溢"账户,借方登记批准前财产物资的盘亏额,贷方登记批准前财产物资的盘盈额。
3. 【答案】 ×
   【解析】 由于债权人注销等原因而无法支付的应付账款,经批准后,转作营业外收入,借记"应付账款"科目,贷记"营业外收入"科目。
4. 【答案】 √

【本章习题必练】答案及解析

一、单项选择题

1. 【答案】 C
   【解析】 库存现金盘点报告表是证明库存现金实有数的重要原始凭证,也是查明账实不符原因和据以调整账簿记录的重要依据(原始凭证)。
2. 【答案】 B
   【解析】 实存账存对比表是用以调整账簿记录的重要原始凭证。
3. 【答案】 B
   【解析】 往来账项清查报告单、盘存单、银行余额调节表都不能用来调整账簿账面记录。而库存现金盘点报告表和实存账存对比表属于可以据以调整账簿账面记录的原始凭证。选项 A、C、D,都仅仅是反映清查实存数的记录,不能据此进行账务处理。
4. 【答案】 B
   【解析】 银行存款的清查,即将银行对账单与银行存款日记账逐笔核对,检查两者是否相符。
5. 【答案】 A
   【解析】 发现库存商品盘亏,应借记"待处理财产损溢"科目,贷记"库存商品"科目。
6. 【答案】 B
   【解析】 对应收账款进行清查,主要是和债务单位进行对账,因此,应采用向对方单位发函询证的方法(发函询证法)。

7.【答案】 C

【解析】 洪灾属于意外,受损的资产属于企业的部分资产,因此,此类属于局部清查、不定期清查。

8.【答案】 C

【解析】 如果账款不符,发现有待查明原因的库存现金短缺或溢余,应先通过"待处理财产损溢"账户核算。

9.【答案】 A

【解析】 存货清查中,盘亏与毁损的存货,由于自然灾害等原因造成的,在扣除残料价值和应由保险公司、过失人赔款后的净损失,经批准计入营业外支出。

10.【答案】 A

【解析】 实地盘点法在多数财产物资清查中都可以采用。

11.【答案】 C

【解析】 应收账款属于往来款项,其清查一般采用向对方单位发函询证的方法进行核对。

12.【答案】 C

【解析】 如果企业与开户行双方均无记账错漏,则未达账项调整后双方余额应相等。

13.【答案】 B

【解析】 无法查明原因的库存现金溢余计入营业外收入。

14.【答案】 C

【解析】 对于盘盈的存货,应及时查明原因,按管理权限报经批准后,冲减"管理费用"。

15.【答案】 A

【解析】 为了确定库存现金实际的结存数量,对库存现金的清查应采用实地盘点法。

16.【答案】 C

【解析】 期末盘亏原材料时:

借:待处理财产损溢
　　贷:原材料

盘亏原材料报经批准后,属于自然损耗的:

借:管理费用
　　贷:待处理财产损溢

17.【答案】 D

【解析】 双方银行存款余额调节相符后,对未达账项一般暂不作账务处理,不能根据银行存款余额调节表来编制会计分录,而应在实际收到有关结算凭证时才能入账。

18.【答案】 C

【解析】 出纳人员对经管的货币资金做到"日清月结"属于定期的局部清查。

二、多项选择题

1. 【答案】 ABC

   【解析】 计提坏账的方法有应收账款余额百分比法、账龄分析法和赊销百分比法。选项D,是迷惑选项。

2. 【答案】 ABD

   【解析】 盘存单是记录实存数的原始记录,但不是用于调整账簿记录的原始依据。

3. 【答案】 ABCD

   【解析】 财产清查结果的处理要求包括:①分析账实不符的原因和性质,提出处理建议;②积极处理多余积压财产,清理往来款项;③总结经验教训,建立健全各项管理制度;④及时调整账簿记录,保证账实相符。四个选项符合上述要求。

4. 【答案】 AD

   【解析】 对于无法查明原因的库存现金短款,经批准,应当借记"管理费用"科目,贷记"待处理财产损溢"科目。

5. 【答案】 AB

   【解析】 "待处理财产损溢"账户借方登记批准前财产物资的盘亏、毁损额,批准转销的财产物资盘盈额。

6. 【答案】 ABC

   【解析】 局部清查的专业性很强,因此,选项D错误。

7. 【答案】 BD

   【解析】 由于仓库保管员变动而对其保管的全部存货进行盘点属于局部清查和不定期清查。

8. 【答案】 ABC

   【解析】 固定资产盘亏净损失应记入"营业外支出"账户。

9. 【答案】 ABCD

   【解析】 四个选项均正确。

三、判断题

1. 【答案】 ×

   【解析】 企业财产清查发现的各种财产损溢,如果在期末结账前得到审批部门批复,则按批复意见处理完毕;如果在期末结账前未得到审批部门批复,在对外提供财务报表时,先按报批的方法进行处理,并在附注中予以说明,如果日后批复意见与报批的方法不一致,则再按照批复意见调整财务报表相关项目的期初数。因此,无论何种情况,调整各种财产损溢的"待处理财产损溢"账户期末必然无余额。

2. 【答案】 √

3. 【答案】 √

4. 【答案】 √

5. 【答案】 ×

   【解析】 不定期清查和局部清查是在不同分类标准下的清查类型。不定期清查可以是全面清查,也可以是局部清查。

6.【答案】√
7.【答案】√
8.【答案】√
9.【答案】×

　　【解析】全面清查由于清查范围大、内容多、工作量大、时间长、参与人员多,不宜经常进行。

10.【答案】×

　　【解析】造成账实不符的原因是多方面的,并不能简单认为是保管人员或会计人员的责任。

四、计算分析题

1.【答案解析】

(1) 产品入库时：

借：库存商品(400×1 500)	600 000
贷：生产成本	600 000

(2) 销售商品时：

借：银行存款(180 000＋23 400)	203 400
贷：主营业务收入(600×300)	180 000
应交税费——应交增值税(销项税额)(600×300×13%)	23 400
借：主营业务成本(400×300)	120 000
贷：库存商品	120 000

(3) 盘盈：

批准前：

借：原材料——A(40×50)	2 000
贷：待处理财产损溢——待处理流动资产损溢	2 000

批准后：

借：待处理财产损溢——待处理流动资产损溢	2 000
贷：管理费用	2 000

盘亏：

批准前：

借：待处理财产损溢——待处理流动资产损溢(10 000＋1 300)	11 300
贷：原材料——B(5×2 000)	10 000
应交税费——应交增值税(进项税额转出)(5×2 000×13%)	1 300

批准后：

借：其他应收款——张某	11 300
贷：待处理财产损溢——待处理流动资产损溢	11 300

(4) 批准前：

借：待处理财产损溢——待处理流动资产损溢(12 000＋1 560)	13 560
贷：原材料——A	12 000

应交税费——应交增值税(进项税额转出)(12 000×13%)	1 560

批准后：

借：其他应收款——保险公司	6 000
——李某	2 000
管理费用(13 560－6 000－2 000)	5 560
贷：待处理财产损溢——待处理流动资产损溢	13 560
借：银行存款	8 000
贷：其他应收款——保险公司	6 000
——李某	2 000

2.【答案解析】

(1) 批准前：

借：库存现金	40 000
贷：待处理财产损溢	40 000

批准后：

借：待处理财产损溢	40 000
贷：其他应付款	24 000
营业外收入(40 000－24 000)	16 000

(2) 批准前：

借：待处理财产损溢(160 000－100 000)	60 000
累计折旧	100 000
贷：固定资产	160 000

批准后：

借：其他应收款	10 000
营业外支出(60 000－10 000)	50 000
贷：待处理财产损溢	60 000

(3) 批准前：

借：待处理财产损溢	104
贷：库存现金	104

批准后：

借：其他应收款	104
贷：待处理财产损溢	104

(4) 批准前：

借：库存商品	4 000
贷：待处理财产损溢	4 000

批准后：

借：待处理财产损溢	4 000
贷：管理费用	4 000

(5) 批准前：

借：待处理财产损溢	20 000
贷：原材料	20 000

批准后：

借：其他应收款	10 000
管理费用	4 000
营业外支出	6 000
贷：待处理财产损溢	20 000

(6) 借：固定资产　　　　　　　　　　　　　　　　　　　96 000
　　　贷：以前年度损益调整　　　　　　　　　　　　　　96 000
(7) 借：应付账款　　　　　　　　　　　　　　　　　　　113 000
　　　贷：营业外收入　　　　　　　　　　　　　　　　　113 000
(8) 借：银行存款　　　　　　　　　　　　　　　　　　　190 000
　　　　坏账准备(200 000－190 000)　　　　　　　　　　10 000
　　　贷：应收账款　　　　　　　　　　　　　　　　　　200 000

3.【答案】
(1) 200 000
(2) 2 680
(3) 550 220
(4) 87 480
(5) 550 220

【解析】
(1) 根据材料(5)填列。
(2) 根据材料(2)填列。
(3) 调节后余额＝352 900＋200 000－2 680＝550 220(元)。
(4) 根据材料(1)和(4)相加填列。62 800＋24 680＝87 480(元)。
(5) 调节后银行对账单余额与企业银行存款日记账余额相等。或：调节后余额＝560 000＋87 480－97 260＝550 220(元)。

4.(1)【答案】　A
　　【解析】　盘亏的材料在未批准前，应借记"待处理财产损溢"科目，贷记"原材料"科目。
(2)【答案】　B
　　【解析】　盘亏的机器设备，应借记"待处理财产损溢——待处理非流动资产损溢"科目的金额＝2 400－1 800＝600(元)。

5.【答案解析】

表 9-2　　　　　　　　　　　　　　银行存款余额调节表

编制单位：甲公司　　　　　　　　20×8 年 12 月 31 日　　　　　　　　　　　单位：元

项　目	金　额	项　目	金　额
企业银行存款日记账余额	260 000	银行对账单余额	220 000
加：银行已收、企业未收的款项合计	8 000	加：企业已收、银行未收的款项合计	(3) (10 000＋40 000＝50 000)
减：银行已付、企业未付的款项合计	(1) (2 000)	减：企业已付、银行未付的款项合计	(4) (4 000)
调节后的存款余额	(2) (260 000＋8 000－2 000＝266 000)	调节后的存款余额	(5) (220 000＋50 000－4 000＝266 000)

第十章 财 务 报 告

【分节习题必会】答案及解析

第一节 财务报告概述

一、单项选择题

1.【答案】 C

【解析】 除现金流量表按照收付实现制编制外,企业应当按照权责发生制编制其他财务报表。

2.【答案】 B

【解析】 资产负债表是指反映企业在某一特定日期的财务状况的财务报表。

二、多项选择题

1.【答案】 ABCD

【解析】 财务报表至少应当包括:①资产负债表;②利润表;③现金流量表;④所有者权益变动表;⑤附注。

2.【答案】 AD

【解析】 财务报表按编报主体的不同,可以分为个别财务报表和合并财务报表。

3.【答案】 ABCD

【解析】 四个选项均正确。

4.【答案】 ABC

【解析】 财务报表是对企业财务状况、经营成果和现金流量的结构性表述。

5.【答案】 ABCD

【解析】 企业在财务报表的显著位置(通常是表首部分)应当至少披露下列基本信息:①编报企业的名称,如企业名称在所属当期发生了变更的,还应明确标明。②对资产负债表而言,应当披露资产负债表日;对利润表、现金流量表、所有者权益变动表而言,应当披露报表涵盖的会计期间。③货币名称和单位,按照我国企业会计准则的规定,企业应当以人民币作为记账本位币列报,并标明金额单位,如人民币元、人民币万元等。④财务报表是合并财务报表的,应当予以标明。

三、判断题

1.【答案】 ×

【解析】 资产或负债项目按扣除备抵项目后的净额列示,不属于抵销。

2.【答案】 √

3.【答案】 √

第二节 资产负债表

一、单项选择题

1. 【答案】 D
   【解析】 "应收账款"项目应根据"应收账款"和"预收账款"科目(简称"两收"科目)所属的相关明细科目的期末借方余额之和减去相应"坏账准备"科目期末余额后的金额分析填列。

2. 【答案】 B
   【解析】 "应收账款"科目所属明细科目贷方余额应填列在"预收款项"项目。

3. 【答案】 B
   【解析】 资产和负债按流动性列报。

4. 【答案】 B
   【解析】 负债及所有者权益项目,通常按要求清偿时间的先后顺序列示。

二、多项选择题

1. 【答案】 ABCD
   【解析】 资产负债表左方列示的是资产,选项A、B、C、D,均属于资产。

2. 【答案】 AC
   【解析】 资产负债表的格式主要包括账户式和报告式,利润表的格式主要包括单步式和多步式。

3. 【答案】 ABCD
   【解析】 四个选项均正确。

4. 【答案】 AB
   【解析】 资产负债表按反映内容分类属于静态报表,其反映企业某一时点上的财务状况,因此,选项A错误;资产负债表的格式主要有账户式和报告式两种,我国规定企业的资产负债表的格式采用账户式,因此,选项B错误。

5. 【答案】 CD
   【解析】 选项A、B,属于资产类,在资产负债表的左方列示。

三、判断题

1. 【答案】 ×
   【解析】 "材料成本差异"科目是"原材料"科目的备抵科目,且资产负债表中没有"原材料"项目。

2. 【答案】 ×
   【解析】 资产负债表是反映企业某一特定日期(如月末、季末、年末等)财务状况的财务报表。

3. 【答案】 ×
   【解析】 在填列资产负债表"货币资金"项目时,应根据"库存现金""银行存款"和"其他货币资金"总账科目的期末余额合计数填列。

第三节 利 润 表

一、单项选择题

1. 【答案】 B
   【解析】 选项 B,所得税费用影响净利润,不影响利润总额。
2. 【答案】 B
   【解析】 选项 B,其他业务收入属于利润表中单独列示的项目"营业收入"的一部分。
3. 【答案】 D
   【解析】 选项 D,计入"营业外收入",影响利润总额,但不影响营业利润。
4. 【答案】 D
   【解析】 年度利润表中,"本期金额"一栏反映本年度利润或亏损的形成情况。
5. 【答案】 D
   【解析】 利润总额=营业利润+营业外收入-营业外支出。

二、多项选择题

1. 【答案】 ACD
   【解析】 选项 B,影响净利润。
2. 【答案】 ACD
   【解析】 多步式利润表可以反映的企业利润要素有营业利润、利润总额和净利润。
3. 【答案】 BD
   【解析】 营业收入=29 000+65 000=355 000(元)

   营业利润=355 000-70 000-40 000-25 000+17 500=237 500(元)

   利润总额=237 500+6 000=243 500(元)

   所得税费用=243 500×25%=60 875(元)

   净利润=243 500-60 875=182 625(元)
4. 【答案】 BD
   【解析】 选项 A、C,是资产负债表可以提供的信息。
5. 【答案】 ABD
   【解析】 营业利润计算表述有误,与营业外收入和营业外支出没有关系。

三、判断题

1. 【答案】 ×
   【解析】 利润表的"上期金额"栏内各项数字应根据上年该期利润表"本期金额"栏内所列数字填列。即 20×6 年度 3 月的"上期金额"应当填列 20×5 年 3 月的"本期金额"。
2. 【答案】 ×
   【解析】 利润表中的各项目应根据有关损益类科目的本期发生额分析计算填列。
3. 【答案】 √
4. 【答案】 ×
   【解析】 反映企业一定会计期间经营成果的财务报表是利润表。

5.【答案】 ×

【解析】 利润表是动态报表,是反映"一定会计期间"经营成果的财务报表,而非"某一特定日期"。

【本章习题必练】答案及解析

一、单项选择题

1.【答案】 D

【解析】 在资产负债表中,所有者权益是按照实收资本、其他权益工具、资本公积、其他综合收益、专项储备、盈余公积和未分配利润分项列示。

2.【答案】 B

【解析】 "预收款项"项目,应根据"应收账款"和"预收账款"科目(简称"两收"科目)所属明细科目期末贷方余额之和填列。

3.【答案】 B

【解析】 资产负债表中较多项目是根据总账科目的期末余额直接填列的,如"交易性金融资产""递延所得税资产""短期借款""递延所得税负债""预计负债""实收资本(股本)""资本公积""盈余公积"等项目。

4.【答案】 B

【解析】 "未分配利润"项目应根据"本年利润"和"利润分配"科目的期末余额计算填列,如为未弥补亏损,则以"—"号填列。

5.【答案】 B

【解析】 利润表中的"本期金额"栏一般根据损益类科目的本期发生额分析填列。

6.【答案】 C

【解析】 多步式利润表中利润总额是以营业利润为基础,加上营业外收入,减去营业外支出,计算得出的。

7.【答案】 A

【解析】 资产负债表是反映企业在某一特定日期财务状况的财务报表。利润表是反映企业在一定会计期间经营成果的财务报表。现金流量表是反映企业在一定会计期间现金和现金等价物流入和流出情况的财务报表。所有者权益变动表是反映组成所有者权益的各组成部分当期增减变动情况的财务报表。

8.【答案】 C

【解析】 选项C,是利润表提供的信息。

9.【答案】 B

【解析】 "无形资产"项目应根据科目的期末余额,减去"累计摊销"和"无形资产减值准备"科目期末余额后的金额填列。

10.【答案】 C

【解析】 资产负债表中的"应收账款"项目,应根据"应收账款"和"预收账款"科目(简称"两收"科目)所属的相关明细科目的期末借方余额之和减去相应"坏账准备"科目期末余额后的金额分析填列。

11.【答案】 D

【解析】 选项D,债权投资属于非流动资产,其余三个选项属于流动资产。

12.【答案】 B

【解析】 选项B,应计入营业外收入;选项A、C、D,作为收入计入利润表的营业收入中。

13.【答案】 A

【解析】 资产负债表是反映企业在某一特定日期财务状况的财务报表。

14.【答案】 B

【解析】 资产负债表左方包括流动资产与非流动资产两部分。

15.【答案】 D

【解析】 非流动资产毁损报废收益计入营业外收入,只影响利润总额不影响营业利润。

16.【答案】 A

【解析】 选项B、C、D,应在"流动资产"项目填列。

17.【答案】 A

【解析】 营业利润=营业收入-营业成本-税金及附加-销售费用-管理费用-研发费用-财务费用+其他收益+投资收益(-投资损失)+净敞口套期收益(-净敞口套期损失)+公允价值变动收益(-公允价值变动损失)-资产减值损失-信用减值损失+资产处置收益(-资产处置损失)=400-220-0-16-24-0-10+0+0+0+48-0-14+0=164(万元)。

18.【答案】 B

【解析】 财务报表应当依据国家统一会计制度要求,根据登记完整、核对无误的会计账簿记录和其他有关资料编制。

19.【答案】 C

【解析】 财务报表应当依据国家统一会计制度要求,根据登记完整、核对无误的会计账簿记录和其他有关资料编制,做到数字真实、计算准确、内容完整、说明清楚。

20.【答案】 B

【解析】 中期财务报表至少应当包括资产负债表、利润表、现金流量表和附注四个组成部分。

21.【答案】 B

【解析】 资产负债表反映的是企业某一特定日期的财务状况,因此,它是静态的财务报表。

二、多项选择题

1.【答案】 ABD

【解析】 营业利润=营业收入-营业成本-税金及附加-销售费用-管理费用-研发费用-财务费用+其他收益+投资收益(-投资损失)+净敞口套期收益(-净敞口套期损失)+公允价值变动收益(-公允价值变动损失)-信用减值损失-资产减值损失+资产处置收益(-资产处置损失)。

2.【答案】 ABCD

【解析】 利润表的作用主要有:①反映一定会计期间收入的实现情况;②反映一定会计期间的费用耗费情况;③反映企业经济活动成果的实现情况,据以判断资本保值增值等情况。

3.【答案】 AC

【解析】 利润表的"营业成本"项目,应根据"主营业务成本"和"其他业务成本"科目的本期发生额计算填列。

4.【答案】 ABCD

【解析】 财务报表包括:①资产负债表;②利润表;③现金流量表;④所有者权益变动表;⑤附注。

5.【答案】 ACD

【解析】 "预付账款"账户与"应收账款"项目没有关系。"应收账款"项目,反映资产负债表日以摊余成本计量的、企业因销售商品、提供服务等经营活动应收取的款项。该项目应根据"应收账款"和"预收账款"科目(简称"两收"科目)所属的相关明细科目的期末借方余额之和减去相应"坏账准备"科目期末余额后的金额分析填列。

6.【答案】 ABD

【解析】 资产负债表右方列报的是负债和所有者权益项目。选项A、B,属于负债;选项D,属于所有者权益;选项C,属于资产。

7.【答案】 AD

【解析】 "应付账款"项目,反映资产负债表日以摊余成本计量的、企业因购买材料、商品和接受服务等经营活动应支付的款项。该项目应根据"应付账款"和"预付账款"科目(简称"两付"科目)所属的相关明细科目的期末贷方余额合计数填列。

8.【答案】 ABCD

【解析】 "存货"项目,应根据"在途物资""材料采购""原材料""发出商品""库存商品""周转材料""委托加工物资""生产成本""受托代销商品"等科目期末余额合计,减去"受托代销商品款""存货跌价准备"等科目期末余额后的金额填列,材料采用计划成本核算以及库存商品采用计划成本核算或售价核算的企业,还应按加减材料成本差异、商品进销差价后的金额填列。

9.【答案】 AC

【解析】 利润表主要反映企业盈利能力;现金流量表主要反映企业现金流量情况。

三、判断题

1.【答案】 ×

【解析】 财务报表应该定期编制,企业至少应当按年编制财务报表。

2.【答案】 √

3.【答案】 ×

【解析】 根据《小企业会计准则》的规定,小企业的财务报表至少应当包括下列组成部分:资产负债表、利润表、现金流量表和附注。

4. 【答案】 √
5. 【答案】 √
6. 【答案】 √
7. 【答案】 ×

【解析】 资产负债表中列示的"未分配利润"项目已经考虑了利润分配后的金额,因此,它不能直接用来分析企业的盈利能力。

8. 【答案】 √
9. 【答案】 √
10. 【答案】 √
11. 【答案】 √
12. 【答案】 ×

【解析】 财务报表项目应当以总额列报,资产和负债、收入和费用、直接计入当期利润的利得项目和损失项目的金额不能相互抵销,即不得以净额列报,但另有规定的除外。

13. 【答案】 √
14. 【答案】 √
15. 【答案】 ×

【解析】 "固定资产"项目,应根据"固定资产"科目的期末余额,减去"累计折旧"和"固定资产减值准备"科目的期末余额后的金额,以及"固定资产清理"科目的期末余额填列。

四、计算分析题

1. 【答案】 (1) D；(2) B；(3) D；(4) A；(5) C；(6) C；(7) B；(8) D

【解析】 (1) 75 000－25 000－23 000＝27 000(元)(借方)

(2) 22 500＋15 000＋13 500－21 000－13 500＋9 000＋18 000＝43 500(元)

(3) 9 000＋15 000－21 000＋9 000＝12 000(元)

(4) 300＋500－700＋300＝400(千克)

(5) 9 000＋13 500－13 500＋18 000＝27 000(元)

(6) 19 000＋15 000＋13 500＋9 000＋18 000－25 000－23 000＝26 500(元)

(7) 15 000＋13 500＋9 000＋18 000＝55 500(元)

(8) 8 000＋9 000＋18 000－23 000＝12 000(元)

2. 【答案解析】

第一步:根据每笔业务作出会计分录。

(1) 借：银行存款　　　　　　　　　　　　　　　　　　　　　　64 000
　　　贷：应收账款　　　　　　　　　　　　　　　　　　　　　　64 000
(2) 借：银行存款(200 000＋26 000)　　　　　　　　　　　　　226 000
　　　贷：主营业务收入(200×1 000)　　　　　　　　　　　　　200 000
　　　　　应交税费——应交增值税(销项税额)(200 000×13％)　　26 000
　　借：主营业务成本　　　　　　　　　　　　　　　　　　　　140 000
　　　贷：库存商品(140×1 000)　　　　　　　　　　　　　　　140 000
(3) 借：销售费用　　　　　　　　　　　　　　　　　　　　　　　4 000

　　　　　贷：银行存款　　　　　　　　　　　　　　　　　　　　　　　　　4 000
　(4) 借：原材料　　　　　　　　　　　　　　　　　　　　　　　　　　100 000
　　　　　应交税费——应交增值税(销项税额)(100 000×13%)　　　　　 13 000
　　　　　贷：应付账款(100 000+13 000)　　　　　　　　　　　　　　 113 000
　(5) 借：短期借款　　　　　　　　　　　　　　　　　　　　　　　　　100 000
　　　　　财务费用　　　　　　　　　　　　　　　　　　　　　　　　　　　700
　　　　　贷：银行存款(100 000+700)　　　　　　　　　　　　　　　　100 700
　(6) 借：应付账款　　　　　　　　　　　　　　　　　　　　　　　　　 11 000
　　　　　贷：银行存款　　　　　　　　　　　　　　　　　　　　　　　 11 000

第二步：计算资产负债表相关项目的金额。
(1) 应收账款=175 200-64 000=111 200(元)
(2) 存货=317 800-1 000×140+100 000=277 800(元)
(3) 流动资产合计=623 760+0+111 200+277 800=1 012 760(元)
(4) 应付账款=150 800+100 000×(1+13%)-11 000=252 800(元)
(5) 应交税费=31 600+1 000×200×13%-100 000×13%=44 600(元)
(6) 流动负债合计=100 000+0+252 800+44 600=397 400(元)

上述有些项目也可以通过倒轧计算结果，但不推荐这样的算法。建议根据上述计算方法得出结果，再与倒轧得到的结果核对，以验算是否正确。

3.【答案解析】

(1) 就本题而言，货币资金=库存现金+银行存款=(1 500+7 500-8 000)+(300 210+353 500-82 090)=1 000+571 620=572 620(元)

(2) 就本题而言，存货=原材料+周转材料+库存商品+生产成本=(89 000+66 050-2 250)+(20 000+4 000)+(53 500+6 950-13 750)+(24 500+16 550-3 950)=152 800+24 000+46 700+37 100=260 600(元)

(3) 就本题而言，流动负债=短期借款+应付票据+应付账款("应付账款""预付账款"账户所属明细账户的期末贷方余额之和)+预收款项("应收账款""预收账款"账户所属明细账户的期末贷方余额之和)+应付职工薪酬+1年内到期的非流动负债=(61 000+100 000-25 000)+0+174 000+(3 000+35 000)+(4 500+15 000-6 000)+15 000=376 500(元)

(4) 就本题而言，长期负债=(25 000-15 000+250 000)=260 000(元)

4.【答案解析】

(1) 营业收入=主营业务收入+其他业务收入=600×45+1 200×55+400×15=99 000(元)

(2) 营业成本=主营业务成本+其他业务成本=600×30+1 200×40+400×12.5=71 000(元)

(3) 营业利润=营业收入-营业成本-税金及附加-销售费用-管理费用-研发费用-财务费用+其他收益+投资收益(-投资损失)+净敞口套期收益(-净敞口套期损失)+公允价值变动收益(-公允价值变动损失)-资产减值损失-信用减值损失+资产处置收益(-资产处置损失)=99 000-71 000-0-3 000-4 500-0-0+0+0+0+0-0-0+0=20 500(元)

(4) 利润总额＝营业利润＋营业外收入－营业外支出＝20 500＋0－0＝20 500(元)

(5) 净利润＝利润总额－所得税费用＝20 500－20 500×25%＝15 375(元)

5.【答案解析】

(1) 应收账款＝"应收账款""预收账款"科目所属明细科目的借方余额之和－相应"坏账准备"科目的期末余额＝54 000＋0－2 700＝51 300(元)

(2) 存货＝76 000＋129 600－6 120＝199 480(元)

(3) 就本题而言,流动资产合计＝货币资金＋应收票据＋应收账款＋存货＋预付款项("预付账款""应付账款"科目所属明细科目的期末借方余额之和－相应"坏账准备"科目的期末余额)＝(1 000＋126 740)＋0＋51 300＋(199 480)＋(0＋16 800－0)＝395 320(元)

(4) 预收款项("预收账款""应收账款"科目所属明细科目的贷方余额之和)＝9 000＋11 600＝20 600(元)

(5) 就本题而言,流动负债合计＝短期借款＋应付账款("应付账款""预付账款"科目所属明细科目的贷方余额之和)＋预收款项＋1年内到期的非流动负债＝50 000＋(65 000＋0)＋20 600＋90 000＝225 600(元)

6.

(1)【答案】 D

【解析】 甲公司本年7月月末资产负债表中的"应收账款"项目金额＝"应收账款""预收账款"科目所属明细科目的期末借方余额之和－相应"坏账准备"科目的期末余额＝60 662＋81 810－0＝142 472(元)。

(2)【答案】 C

【解析】 甲公司本年7月月末资产负债表中的"应付账款"项目金额＝"应付账款""预付账款"科目所属明细科目的期末贷方余额之和＝73 206＋63 056＝136 262(元)。

(3)【答案】 B

【解析】 甲公司本年7月月末资产负债表中的"预收款项"项目金额＝"预收账款""应收账款"科目所属明细科目的期末贷方余额之和＝80 152＋0＝80 152(元)。

(4)【答案】 A

【解析】 甲公司本年7月月末资产负债表中的"预付款项"项目金额＝"预付账款""应付账款"科目所属明细科目的期末借方余额之和－相应"坏账准备"科目的期末余额＝64 014＋0－0＝64 014(元)。

参 考 文 献

[1] 财政部会计资格评价中心. 初级会计实务[M]. 北京:经济科学出版社,2023.
[2] 财政部会计资格评价中心. 经济法基础[M]. 北京:经济科学出版社,2023.
[3] 东奥会计在线. 2023年会计专业技术资格考试应试指导及全真模拟测试:初级会计实务[M]. 北京:北京科学技术出版社,2023.
[4] 中华会计网校. 2023年度全国会计专业技术资格考试初级会计实务应试指南[M]. 北京:中国商业出版社,2023.
[5] 李海波,蒋瑛. 新编会计学原理:基础会计. 20版. [M]上海:立信会计出版社,2019.
[6] 何荣华. 会计基础[M]. 北京:中国财政经济出版社,2016.
[7] 全国会计从业资格考试辅导教材编写组. 会计基础[M]. 北京:经济科学出版社,2016.